中华优秀传统文化与高校德育工作的深度融合研究

王新叶　著

U0845594

中国文联出版社

图书在版编目（CIP）数据

中华优秀传统文化与高校德育工作的深度融合研究 / 王新叶著. -- 北京：中国文联出版社，2024. 9.
ISBN 978-7-5190-5637-7

Ⅰ. K203；G641

中国国家版本馆CIP数据核字第2024WM1364号

著　　者 王新叶
责任编辑 周　欣
责任校对 秀点校对
装帧设计 研杰星空

出版发行 中国文联出版社有限公司
社　　址 北京市朝阳区农展馆南里10号　　邮编 100125
电　　话 010-85923025（发行部）　　010-85923091（总编室）
经　　销 全国新华书店等
印　　刷 明玺印务（廊坊）有限公司

开　　本 710毫米×1000毫米　1/16
印　　张 6.25
字　　数 93千字
版　　次 2024年9月第1版第1次印刷
定　　价 50.00元

版权所有 · 侵权必究
如有印装质量问题，请与本社发行部联系调换

前言

在全球化的浪潮中，中华优秀传统文化以其深厚的底蕴和独特的魅力，成为我们民族自信和文化自觉的重要源泉。高校作为文化传承与创新的重要阵地，承担着立德树人、培育时代新人的历史使命。2023年6月2日，习近平总书记在文化传承发展座谈会上的讲话中提到要“深刻把握中华文明的突出特性”，如何深入挖掘中华优秀传统文化的突出特性与内涵，将其与高校德育工作深度融合，成为我们亟待研究和解决的重要课题。

本书旨在探讨中华优秀传统文化与高校德育工作的深度融合。首先，我们将概述中华优秀传统文化的基本内涵、发展脉络和基本走向，为后续的融合研究提供理论支撑。其次，我们将分析新时期高校德育工作的创新需求，明确立德树人是高等教育的根本任务，并探讨德育创新的理论基础和原则。最后，我们将深入探讨中华优秀传统文化与高校德育教育的内在联系，分析“以人为本”的德育理念在传统文化中的体现，以及将传统文化融入高校德育的必要性和可能性。

目 录

目录

第一章　中华优秀传统文化概述

第一节　中华优秀传统文化

一、中华优秀传统文化的界定

中华优秀传统文化是指在长期的历史发展过程中形成和发展起来的，保留在中华民族中具有稳定形态的文化。它包括思想观念、思维方式、价值取向、道德情操、生活方式、礼仪制度、风俗习惯、行为方式、宗教信仰、文学艺术、教育科技等诸多层面的丰富内容。它是中华民族团结奋进、继往开来、全面建成小康社会、开创美好明天的基础。

中华优秀传统文化在漫长的历史进程中综汇百家优长，兼集八方智慧，得到了充分发展，对维系中华民族的持续发展并长期处于世界领先地位发挥了重要作用。现当代中国社会，优秀传统文化依然保留在中华民族的血脉里，制约和影响着人们的思想和行为，是创造社会主义新文化的依据，也是让中华文化重新走向世界的基础。

二、中华优秀传统文化的特点

中华优秀传统文化是随着中华民族的发展而发展起来的，它对中华民族的形成、繁衍、统一、稳定和发展都起了巨大的作用。中华优秀传统文化是一个丰富博大的有机整体，它在世界文明史上占有极其重要的地位。中华优秀传统文化的基本特征是什么？我们先来看看中国文化的特征。五四运动以来，围绕这个问题各家各派提出了不少观点，但至今仍无统一定论。其中比较著名的是梁漱溟先生在《中国文化要义》中提出的中国文化的十四大特征，以及我国台湾学者韦政通概括出的中国文化的十大特征，其他学者还有各种不同的总结和研究结论。大家公认的特征主要有：中国文化具有延续力、多样性、包容性、凝重性，融宗法文化、礼仪文化、伦理文化于一体，蕴含特殊的思维方式、审美情趣等。可见，大多数学者都是从中西比较的角度来论述中国文化的特征的。没有这种比较，就无法断定中国文化的特点。这也为我们分析中华优秀传统文化提供了一条思路。中华优秀传统文化包含着极其丰富的内容，需要从最宏观和最基本的特征来加以阐述。

（一）统一性与延续性

中华优秀传统文化的统一性与延续性表现在以下两方面。

1.政治的统一

从政治方面看，中华优秀传统文化经历了持久的统一过程。夏朝建立以前，中国和其他国家一样，也有许多各自独立的部族古国。经尧舜禹三代的辛苦经营，以黄河流域为中心的中原地带已趋于统一，尽管小邦林立的局面仍然存在，但每一小邦都受宗主国的保护，它们都有共同的政治、文化中心。从殷至周，统一势力逐步扩大，周王以分封形式建立了具有宗法及婚姻关系的新邦国，加强与同姓、异姓诸侯的联系，在一定程度上巩固了奴隶制国家的统一。春秋战国时期，争霸称雄的诸侯国通过兼并战争完成了地区性的统一，国家领土不断拓展，国家权力不断趋向集中。这个时期的许多文献及先秦诸子的许多论述，都从各自立场或不同方面提出了统一问题。他们为未来中国统一所作的基本构想就是，不以种姓分割天下，而以天下包容各族。

2.文化传统的承袭

中华优秀传统文化强调前代文化遗产的价值，充分宣扬传统本身得以存在和流传的合理性，自宋以来，其质的规定性基本上已经沉积。因此，虽然它也有起伏跌宕，并多次面临挑战，但一次又一次表现出巨大的再生能力，成为世界上罕见的不曾中断过的古老文化。以文学论，各代均有斐然成就，楚辞、先秦散文、汉赋、魏晋诗文、唐诗、宋词、元曲、明清小说，连绵不绝、代有高峰。学术上的先秦诸子学、两汉经学、魏晋玄学、南北朝隋唐佛学、宋明理学、明清实学、清代朴学等此起彼伏。这种得以延续千年的文化传统，与半封闭大陆环境提供的“隔绝机制”相关，也复惠于“农业—宗法社会”所具有的延续力。

（二）人文精神

人文精神发端于炎黄时代，经过夏、商、周到春秋战国时期，才以系统而完整的理论形式出现。中华优秀传统文化的人文理性精神表现是多方面的，其理想境界的内容是“天人合一”，其特征是内在与超越的结合、自然与人文的结合、道德与秩序的结合。中华优秀传统文化自发端起就既不是自然主义，也不是僧侣主义，而是真正的人文主义。这种人文主义滋生使原始的信仰政治秩序化，使政治伦理道德化。

（三）注重实务

中国古人为人处世的主流是注重实务、讲求功利，多数情况下对科学和技艺加以排斥。例如，先秦诸子百家，儒家、法家的积极人士以政治为目的，不注重科技，道家主张顺其自然，只有墨家对技艺有所探究。历朝历代的许多学者甚至认为研究科技是奇技淫巧，视发明创新为雕虫小技。我们应该看到，中华优秀传统文化有许多精华，但也存在糟粕，精华与糟粕并存。例如，在家国同构中，“孝”要服从于“忠”，由孝劝忠，即把孝亲作为忠君的手段，忠君自然是为封建统治者服务的，而且到了“君要臣死，臣不得不死；父要子亡，子不得不亡”的恐怖境地。

我们也应该看到，中华优秀传统文化具有封闭性和保守性的缺陷；中华优秀传统文化中存在着有时妄自尊大，有时妄自菲薄的不足。因此，作为中华优秀传统文化中的精华部分，中华优秀传统文化必须运用历史唯物主义和辩证唯物主义的立场、观点方法，正确对待中华优秀传统文化，必须深耕中华优秀传统文化的文化资源沃土，结合时代发展的新要求，推动中华优秀传统文化实现创造性转化、创新性发展。

第二节　中华传统文化的基本特征

中华传统文化道德彰显人文精神，主要表现在如何处理人的精神家园的问题上，奉行道德至上，弘扬精神人格。中华传统文化包含着极其丰富的内容，就其最基本的特征来说，主要可以概括为如下五个方面。

一、连续性

中华文明探源工程等重大工程的研究成果，实证了我国百万年的人类史、一万年的文化史、五千多年的文明史。在五千多年漫长的文明发展史中，中国人民创造了璀璨夺目的中华文明，是世界上唯一自古延续至今、从未中断的文明。如果不从源远流长的历史连续性来认识中国，就不可能理解古代中国，也不可能理解现代中国，更不可能理解未来中国。悠远的历史，深厚的大地，这是我们的信心和底气所在。

二、创新性

“周虽旧邦，其命维新”“苟日新，日日新，又日新”……不管是典籍典故，还是发明创造，无不饱含与时俱进、勇于创新的不懈追求。在几千年历史长河中，中华民族产生了影响人类文明进程的伟大思想工匠、伟大科技成果、伟大文艺作品，涵养了守正不守旧、尊古不复古的进取精神，不惧新挑战、勇于接受新事物的无畏品格。事实证明，中国人民是具有伟大创造精神的人民，中华文明是具有创新进取特性的文明。

三、统一性

中华文明具有突出的统一性。一部中国史，就是一部各民族交融汇聚成多元一体中华民族的历史，就是各民族共同缔造、发展、巩固统一的伟大祖国的历史。“像石榴籽一样紧紧抱在一起”，这种特性从根本上决定了中华民族各民族文化融为一体、即使遭遇重大挫折也牢固凝聚，决定了国土不可分、国家不可乱、民族不可散、文明不可断的共同信念，决定了国家统一永远是中国核心利益的核心，决定了一个坚强统一的国家是各族人民的命运所系。

四、包容性

中华文明具有突出的包容性。只有充满自信的文明才能在保持自己特色的同时包容、借鉴、吸收各种文明的优秀成果。中华文明自古就以开放包容闻名于世，在同其他文明的交流互鉴中不断焕发新的生命力。文明因多样而交流，因交流而互鉴，因互鉴而发展。突出的包容性，从根本上决定了中华民族交往交流交融的历史取向，决定了中国各宗教信仰多元并存的和谐格局，决定了中华文化对世界文明兼收并蓄的开放胸怀。

五、和平性

中华文明具有突出的和平性。和平、和睦、和谐是中华民族一直以来追求和传承的理念，中华民族的血液中没有侵略他人、称王称霸的基因，中国人民不仅希望自己发展得好，也希望各国人民都能拥有幸福安宁的生活。这种特性从根本上决定了中国始终是世界和平的建设者、全球发展的贡献者、国际秩序的维护者，决定了中国不断追求文明交流互鉴而不搞文化霸权，决定了中国不会把自己的价值观念与政治体制强加于人，决定了中国坚持合作、不搞对抗，决不搞“党同伐异”的小圈子。

能看到多远的过去，就能看到多远的未来。全面深入了解中华文明五千多年的发展史，深刻把握中华文明的突出特性，更好地认识和认同中华文明，我们就一定能筑牢在世界文化激荡中站稳脚跟的根基，凝聚起在新时代新征程上团结奋斗的强大精神力量。

第三节 中华传统文化的思维方式

文化包括三个方面：首先是满足人们最基本生活需要方面的文化；其次是

约束机制方面的文化；最后是人们在长期生活实践中形成的观念方面的文化。在这三个文化层面中，儒家、佛家和道家思想是中华传统文化发展的主体框架，并且深深融入了人们的生活中。

思维方式是一个人看待问题的基本态度和基本方法，思维方式的差异形成了人的个体差异，也会造成文化上的差异。中国的传统文化和中国人的思维方法是相互影响、相互制约的，有什么样的传统文化就有什么样的思维方法，思维方法反过来影响、制约着民族文化的发展。

一、中国传统思维方式的特点

中国传统思维方式有着很明显的特点。第一个特点是全局性，强调考虑问题要从全局出发，注重全局和局部的关系，以全局的观点来描述社会的状态，反映事物的发展规律；第二个特点是实用性，强调认识来源于实践又服务于实践，注重思维的直观性和抽象性，注重概念的递进性，注重认识的伦理性。

中国的传统思维方式除了注重全局性和实用性外，还非常注重形象思维，并善于将形象思维与抽象思维有机结合起来，总结出事物的一般规律，再用这个规律指导社会实践；注重人们的直觉思维，并善于从直觉思维中去体悟内心的感受和体验，重视逻辑推理等。

中国传统思维方式的总体目标就是要达到整体和谐。中国人希望通过彼此的努力做到左右平衡，从而达到整体和谐。从认知的过程来看，中国人看问题从局部到整体，避免只见树木不见森林，习惯从大局系统地去研究事物发展的过程与状态，把握事物的处理方法；从行为表现上看，中国人避免处理问题极端化，要留有回旋的余地，所以在生活中处理问题的时候，多是采取中和的方式，不偏不倚。

二、中华传统文化对中国传统思维方式的影响

思维是对客观事物的概括和间接的反应过程，这个过程包括人对生活或对某一问题的认知或智力活动。思维包括直观行为思维、抽象逻辑思维和具体形象思维，思维是探索与发现事物的内部本质联系和规律性的过程，是认识过程

的高级阶段。

思维方式是一个人看待问题的基本态度和基本方法，中国现在的思维方式是从封建时代开始发展和延续起来的。很早以前，农民在田间劳动是古代人们经济生活的主要内容，这种生产方式形成了一套固定的传统思维方式，家族观念的思想与当时社会种族观念的形成，都是中国传统思维方式形成和发展的主要土壤。古代非常讲究的、严格规范的“礼”，以及表现当时人民精神思想的“乐”，都深刻体现了中国传统思维的一种形式。这些人们思维活动的主要方式，还有人们根据当时社会的经济和文化的现状所存在的精神生活以及所表现的重要形式，是古代思维方式初步形成的主要因素。这种思维既有不变的因素，又有随着时代不断发展的重要因素，这些因素在中华民族绵延五千年的历史文化长河中，影响了中国传统思维方法发展的特点和模式。

传统思维的结构很早就形成了。在春秋战国时代，儒、道两家的思想既相互统一又相互促进，在当时的文化中占据主流地位。儒、道两家的思想和观念影响了传统思维的发展，奠定了中国古代文化的理论基础，对当时社会的发展和民众的生活产生了很大的促进作用，进而确立了传统思维理论的基本框架。

先秦诸子时期是我国古代文化发展的第一个高峰期，其突出的表现是道家思想的形成。在这个时期，道家思想逐步成为完整的思想体系，形成了较系统的人生观、世界观和宇宙观。老子根据自己丰富的生活阅历、对乱世时局的思想和对生命的感悟，创立了朴素的辩证法。这一思想对后人的影响非常深远，使国人习惯以辩证的思维方式去分析问题和解决问题，对事物的分析更加全面和透彻，这种辩证思维方式，造就了国人不激进、不保守的特质。

到了秦代和汉代，国家得到了基本的统一，国家政治制度的制定和社会经济的发展，使得传统思想受到了很大的影响，文化朝着一体化方向发展。从度、量、衡的高度统一，到文学上“罢黜百家，独尊儒术”的思想影响，传统思想逐步走向一体化，思维方式也发生了根本的变化。虽然后来佛学传入对传统文化有着很大的影响，但以儒、道两家为主体，儒、道互相促进和互相补充的思维模式却始终在文化发展中占据主导地位。这种思想反映到思维方式上，就表现为整体性思维和系统性思维。

中华传统文化历经几千年的发展，具有两面性，有精华也有糟粕，因此，其对人们思维方式的影响也具有两面性。在以后的中华传统文化教育中，要扬长避短，补充思维不足的部分，提高人们的整体思维能力。

三、中华传统文化思维的整体性

中华传统文化思维把事物分为对立的两个方面，以其对立和统一的发展规律来把握整体。用整体和全面的视角把握对立的两个方面，就能从全面联系的整体性中反映对象，这就是思维过程中的整体性。中华传统文化的继承和发展得益于中华传统文化思维的整体性原则。

儒释道文化是中华传统文化的主线，是中华传统文化的核心内容，“儒”指的是儒教，“释”指的是释教，又称佛教，“道”指的是道教，历史上称为“三教”。儒释道文化有其独特的内容和特点，但三者互相融合、促进和发展，充分体现了中华传统文化思维的整体性。儒释道文化的发展，大体可以分成三个阶段，这三个阶段分别是魏晋南北朝梁武帝时期、唐宋时期和元明时期。在儒释道文化发展的过程中，三者是独立的，相互区别，然而它们又具有互补性，对社会的发展和人们道德水平的提升都起着非常重要的作用，推动了社会向前发展。

在儒释道文化发展的过程中，“三教”的思想从开始的独立到慢慢交叉和融合，到最后阶段实现了完全意义上的合一，成为中华传统文化不可分割的一个整体。

儒家认为，大学之道可表述为“三纲八目”，所谓“三纲”，是指明明德、亲民、止于至善。指明大学的宗旨由三个纲目组成，一是宏扬光明正大的品德；二是把光明正大的品德应用于生活中；三是使人达到最完善的境界，这是《大学》的核心思想，也是儒学的目标。所谓“八目”，是指格物、致知、诚意、正心、修身、齐家、治国、平天下，这是儒家为人们提出的一个人成功所经历的过程和步骤。意思是要求人们亲自实践，不要有过多的欲望，在实践中树立崇高的道德意识；为人真诚，抵御各种欲望的诱惑，提高自己的品德修养；管理好自己的家庭和本职工作，然后更好地治理国家，为天下众生服务。

概括起来，这个“三纲八目”分为两个方面：一是“内圣”；二是“外王”。也就是指一个人要成功，一定要具有圣人的才德，有了圣人的才德才能对外施行王道，治理国家，更好地为社会服务。“内圣”的标准包括四个方面，也就是“格物、致知、诚意、正心”，“外王”的标准包括三个方面，也就是“齐家、治国、平天下”。而中间的“修身”环节，则是连接“内圣”和“外王”两方面的桥梁。几千年来，一代又一代的人们把此当作人生追求的理想和目标。这一成就是圣人之道，影响着无数人为之而努力奋斗，为推动社会道德水平的提升起着不可估量的作用。

道家的思想宗旨是道法自然，无为思想，以无为思想治国。道家的思想本质是出世，道家强调要讲“道”，“道”就是规律。宇宙的规律，既是宇宙的本源，也是宇宙中万物存在和生长的规律和准则。道家认为，自然界万物处于经常的运动变化之中，世界上没有固定不变的东西，这就是道，道是宇宙运行的基本法则。道家认为，一个人要想幸福和长寿，一定要按照道的自然规律去想、去行，任何人都不能脱离天道的规律而独立生存。如果把这个思想推广开来，一个国家和社会的发展，只有顺应自然、顺应天道和顺应民意，才能社会安宁，才能国泰民安。道家思想中的“清静无为”“返本归真”“道法自然”等主张，也与中医养生、治疗和保健有异曲同工之妙，深刻地反映了中华传统文化思维方式的整体性。

四、中华传统文化思维的对立统一性

对立面之间的统一和斗争，是矛盾双方所固有的两种相反的属性。对立面的统一即矛盾的统一性，是矛盾双方相互依存、相互肯定的属性，它使事物保持自身的统一。由于对立面之间相互统一的作用，双方能够相互吸取和利用有利于自己的因素而得以发展。对立面之间的相互斗争，使事物不断地变化以致最终破坏自身统一，是促成新事物否定旧事物的决定力量。

中华传统文化核心的“中和”，就深刻体现了对立统一的思想，它把矛盾的两个方面经过整合，统一到一致的方面上来。中和思想不仅是古代治国理政智慧的灵魂，也是构成现代中华政治文化的精髓。

儒家经典《中庸》将中和归为宇宙天地的大道思想，也是世界万物生存发展的根本规律。何谓中和？“中”的含义是不偏不倚、无过不及、不走极端，即指事物具有的最佳的组成结构以及最精当合理的比例关系，中和表现了事物存在的最佳状态，是事物最优秀的生存和发展规律。中华先哲深刻揭示了中和之道，给我们一个处理事物的最佳思想，这个思想已成为民族的最高生存智慧，使中华民族数千年以“和”为根本价值追求，以“中”为根本思维方式，构成了中华民族生存大法，深刻体现了对立统一的哲学思想。

中和之道是宇宙天地的根本规律，是一个人应该遵守的为人之道，也可以说是社会发展的遵循之道。儒家理想的尧、舜、禹三代治理国家的主要思想就是中和之治。儒家自孔子开始，就肯定尧、舜、禹三代圣人相授的治国理政之道就是“允执厥中”的中和之道。孔子高度肯定舜具有治国理政的大智慧，集中体现在舜善于“执中”的治国之道，即善于在广泛考察、深入了解的基础上，正确及时地去除“过”与“不及”的两种片面性，制定并实施最具合理性的决策和举措，从而有效改善百姓生活。显然，这种“执两用中”的治国理政之道，蕴含着深刻的历史辩证法和唯物辩证法的对立统一智慧。

中国传统思维注重“统一”，注重“互惠互利”；中国传统哲学讲“阴阳一体”，讲“万物和合”，虽不否认对立，但比较强调“统一”，讲“和为贵”，讲“宽容理解”，讲“冤家宜解不宜结”。中华文化是对立统一的文化，是一个和谐、团结、民主的文化，中华文化允许大家有不同的信仰，求同存异、彼此尊重、和而不同。

探寻世界的统一性、发展性与和谐性是中国哲学的本色，“亦此亦彼”“你有我有他也有”的思想成为中华文化的思维习惯。

不同民族的文化造就了不同民族的思维方式，而思维方法的不同又对文化产生了极其深刻的影响。思维方式是民族精神的核心问题，它对民族的心理和性格具有深刻和长久的影响，不同民族的思维方式也会对社会政治制度产生直接的影响。

总之，对待中国传统思维要持科学的态度，对中国传统思维方式取得的巨大成就应给予充分肯定，并加以完善和发扬。而对它存在的不足也要有足够的自觉的认识，并加以纠正和改进。面对科学技术突飞猛进的发展，以及我国改革开放和社会主义现代化建设的新形势，当代大学生有必要重新审视自己的思维习惯和思维方式，研究和学习科学的思维方法，倡导良好的思维品质，迎接新时代前进道路上的挑战。

第二章　新时期高校德育工作创新

在深入探讨“新时期高校德育工作创新”的广阔天地中，我们首先要确立的是高等教育的灵魂所在——立德树人。这一根本任务不仅是高等教育的出发点，也是其最终归宿。为了更具体地阐明这一理念如何在实践中熠熠生辉，让我们借由新乡市第二中学“扬君子文化，育时代新人”的育人典范，作为一盏明灯，照亮我们前行的道路。

新乡市第二中学以其独特的君子文化教育实践，为我们生动展示了如何将中华优秀传统文化与现代德育理念相融合，培养出既具备深厚文化底蕴又符合时代需求的新时代人才。这一成功案例，虽源自中学，但其蕴含的德育智慧与创新精神，对于同样肩负着立德树人重任的高校而言，无疑具有极高的参考价值与启示意义。

因此，接下来，我们将以此案例为桥梁，跨越理论与实践的鸿沟，深入探讨新时期高校如何在立德树人根本任务的引领下，勇于探索、敢于创新，构建符合时代特征、彰显高校特色的德育工作新模式。

第一节　立德树人是高等教育的根本任务

【案例导入】

新乡市第二中学：扬君子文化，育时代新人

新乡市第二中学在立德树人根本任务的引领下，全面贯彻党的教育方针，结合学校历史，挖掘传统文化中的优秀思想，特别是“以人为本”的理念，探索出一条“培养具有君子品格的时代新人”的育人新路径。学校珍视办学历史，重视优秀传统文化的传承，依据新时代育人目标和中学生身心发展和认知特殊性，提出培养具有君子品格的时代新人的培养目标。

学校把德育内容细化为“仁”“礼”“忠”“信”“智”“勇”六个维度，每个维度设置具体的教育内容，内容间相对独立、相互依托，形成育人链条。例如，“仁”维度强调仁爱之心，尊老爱幼，通过中秋节尊长教育、重阳节敬老教育等活动来实施；“礼”维度注重礼仪常规，明礼践行，实施八礼教育等。学校还通过对校园环境的布置，营造了良好的学习氛围。如青枫广场上的青枫树被赋予“顶天立地、积极向上、卓然不群”的青枫精神，以及校园中的竹子景观，激励学生像竹子一样诚信处世。

此外，学校还通过评选“青枫君子”等活动，表彰、宣传先进事迹，引领全校学生向榜样学习，形成了良好的德育氛围。

教育的核心目标在于立德树人，这是高等教育的根本职责所在。提升人才培养的质量，是高校永恒的追求，也是推动高等教育改革与发展的关键所在。当前，面对新的挑战，如何有效提高人才培养的质量，成为高等学府亟待解决的重大议题。为此，高校需致力于将自身的优势资源转化为人才培养的强大动力和质量提升的坚实基石，将这一策略融入学校发展战略的核心。通过强化政策导向、增加资金投入、拓宽教育途径与资源供给，高校应竭力确保所有教育资源都能转化为高质量的教学内容。多维度的办学特长则应转化为培育学生的新增长点，着重培养学生的创新能力与实践技能，矢志不渝地培育创新人才。

一、将学科品牌资源转化为专业特色优势

构建学科品牌和专业特色优势的转化路径是首要任务。学科建设作为高校教育的根基，是人才培育、科研活动、社会服务及文化传承创新的核心驱动力。高校的特有价值在很大程度上体现为其专业特色，缺乏标志性学科的高校难以跻身世界顶尖行列。

因此，在高等职业教育与教学实践中，深入探索如何实现这一转化至关重要。学校持续加强优势学科的建设，占据人才培养的制高点，确保学科品牌资源有效转化为专业教育和课程设计的亮点，为人才培养构筑稳固基石。

学科的蓬勃发展是学校整体进步的基石。紧跟时代步伐，合理配置学科与教育资源，统筹规划学科、专业及课程体系，发挥学科的引领作用是当务

之急。这不仅意味着加大对优势特色专业的支持，以增强学校个性、巩固优势、提升声誉，还包括优化专业结构，营造开放包容、活力充沛的学科生态系统，积极促进新兴学科和交叉学科的成长，从而为学科间的协同进步打下坚实基础。

此外，构建学科、专业与课程之间的新型联动机制尤为关键，以期高效转换学科资源为高水平教学资源。经验证明，“学科—专业—课程”一体化策略极为有效。学校应大力推进重点学科、特色专业及精品课程的建设，依托国家级和省部级的重点学科资源，打造特色鲜明的专业和精品课程，为高素质人才培养提供强大支撑。同时，需依据学科动态与行业需求灵活调适专业与课程配置，建立动态优化机制，确保人才培养既有特色又符合教育规律，与社会需求紧密对接，从而全面提升人才培养质量。

充分利用多学科的交叉融合特性，为学生拓宽跨学科知识视野。科技进步在细分专业知识的同时，也促进了学科间的深度交融。高校应紧跟这一趋势，重视教育资源的整合、学科交叉融合及跨学科人才培养。这意味着在多个层面上进行改革探索，以适应教育多元化的需求。

二、将学术科研资源转化为创新教育优势

加强科研工作是高校持续发展的核心驱动力，而提升人才素质则是这一过程中的关键环节。一所高校的学术层次、学术地位以及科研实力，直接反映其在培养创新人才方面的独特优势。

将研究机构的丰富研究资源有效转化为高校的教育资源，为学生创造更多参与科学研究与创新的机会，显得尤为重要。我们迫切需要关注并解决如何将高校的学术研究成果高效地转化为富有启发性和创新性的教学资源，使这些资源能够真正服务于学生，激发他们的创造潜能。

为了深化教学改革，我们致力于推动最新科研成果更高效地“进教材”和“进课堂”。科研与教学的紧密结合是高水平大学不可或缺的特色。这种结合不仅促进了科研与教学的双向提升，也是众多高校长期积累的宝贵经验。我们鼓励高校教师，在深入科研并取得成果的同时，积极将科研成果、最新研究动态

和科学方法融入教材，并引入课堂，为提升教学质量和创新教育提供源源不断的动力。学校将支持教师参与教材编写项目，并鼓励教师将科研项目和成果转化为教学实践，以科研创新推动教学改革。

积极推动科研实验室向学生全面开放，目的不仅在于构建先进的科研创新平台，更是为了发挥其在人才培养中的重要作用。学校需完善机制，确保从国家级至省部级的各级科研创新实验室能够常态化面向各级学生开放，服务于教育培养。在此基础上，深化实验教学体系改革，激励学生依据个人学习兴趣与需求，充分利用现有实验资源，积极参与实验创新实践。为此，可设立专门基金支持实验室开放，并依据实际成效研究激励政策，进一步激发活力。加强“大学生创新创业训练计划”，引导学生主动参与科研项目、学科竞赛等，提供开放的实践平台，旨在培养学生的创新思维与实践能力。同时，鼓励教师将科研课题与学生的毕业论文密切结合，利用真实科研课题指导学生，以解决毕业论文创新性和实用性不足的问题，实现学生实践创新能力与教师科研教学能力的双向提升，形成互利共赢的教育模式。

因此，将学生的毕业论文紧密关联到导师的科研项目中是尤为有益的，确保教师能够在选题、研究启动、成果总结及答辩等关键环节给予基于实践的指导，帮助学生明确研究路径并获得启迪。应当激励学生积极思考，勇于创新，通过增强他们分析问题和解决问题的能力，提升论文质量，使学生步入职场前，就能拥有该领域扎实的实际操作能力和专业应用技能。

三、将产学研结合资源转化为实践教学优势

当前，全球经济正处在重大转型期，各国纷纷寻求科技、教育与经济的深度融合路径，旨在建立高效机制，促进高校与科研机构间的协同合作，以此强化国家的科技创新体系，提升国家整体竞争力。高等教育机构面临着广阔的发展机遇，关键在于发挥专业特长，通过产学研的紧密合作培养出高水平、创新型人才，这是当前高校教育和教学领域的一项核心任务。

产学研一体化既是高校的特色标识，也是其显著优势。多年来，大量优秀高校在教育实践中坚定不移地遵循“立德树人、敬业奉献、技艺精湛、勇于创

新”的教育理念，依托强大的专业实力及紧密的产业联系，以产业带动教学为策略，侧重于产教融合的实施路径，逐渐塑造了独具一格的教育模式和办学特色。

实践经验证实，产学合作的紧密互动有效提升了学生的综合素质、综合能力和创新意识，通过将学校教育与生产、科研实践相结合，极大增强了实践教学的效果。面对新时代的要求，高校需持续秉承这一优良传统，不断创新产学合作模式，积极主动整合校企、校研等多方教育资源，最大化地发挥产学研在人才培养方面的独特优势。

强化实习教育的体制构建，重视并加大实习环节的教学力度，需在产学研深度融合的框架下持续优化人才培养模式，完善实习教育体系，实施全局性规划。遵照人才成长与教育规律，聚焦提升学生的实践创新能力，依托实验实训基地，构建以教师指导为核心，辅以激励与监管机制的实习教育架构。实习教育应与学院的人才培养方案、复合型及卓越工程师等专项培养计划紧密结合，确保产学研的优质资源贯穿实践教学全程。通过与企业的紧密合作，深入了解行业需求与发展趋势，吸纳企业对实践教学的反馈与建议，持续整合优化实践教学体系，适时调整教学内容，以构建一个开放且动态适应的实践教学生态系统，确保教学活动与现实需求紧密相连，培养出更符合社会与产业发展需求的高素质人才。

着力推进校外实训基地的建设工作。在搭建稳固的实践平台基础上，高校要融合内外资源优势，持续优化实践教学基地结构。利用高校科研设施与技术装备的强项，强化教育与产业结合，构建彰显院校特色的产学研一体化校内实训基地，并借助“高校园区”平台，举办高水平实训活动。对校外实训基地合作单位，提供技术支持与人才输送等高质量服务，以赢得更多企业和社会认可，推动基地建设迈向更高端。同时，鼓励有基础的学校拓展海外实训基地，为学生开辟更宽广的实践教学平台。

加强实践教学指导教师团队的培育。构建高效实践教学师资队伍，要求全校上下统一思想，深化认识。高校应根据不同实践模式，规范各类实践教学活动，明晰指导教师职责，并建立健全激励与监管体系。加大对现任教师实践教学能力的培养力度，规划性地派遣实践教学教师深入企业与社会，以实战经验提升教学质量。推行灵活的用人策略，引入实践经验丰富的企业界专家作为兼职指导教师，构建专职与兼职互补的实践教学团队。同时，要充分利用校友资源，既邀请校友返校分享行业前沿信息，又鼓励校友对实习学生提供关怀与细致指导。

四、将优质生态资源转化为环境育人优势

环境的美感与正能量氛围对学生具有潜移默化的教育力量，正如俗语所说，“赏心悦目的环境，可以使人心旷神怡；奋发图强的气氛，可以催人奋进”。构建优质的校园文化生态系统，不仅能够滋养学生的情感情操，促进文化内涵的内化吸收，还对提升学生的审美观念与道德价值体系构建起到至关重要的作用。这种校园文化的独特“痕迹”，会长久镌刻在学生心中，即便他们已阔别校园多年。

优秀的自然生态是学校珍贵的资产，也是其竞争力的独特体现。实施具体且高效的策略，将这些环境优势融入人才培养过程，对推动教育改革、增强人才培育成效至关重要，其影响力在提升教育质量方面无可比拟。

增强生态理念，创造宜人校园生态。积极响应中央高度重视的生态文明建设号召，高校需深化生态意识，充分利用其生态环境的特色优势，将优良的自然环境视为教育领域的独有资产和关键渠道。

强化生态文明观教育，融入教育体系。将生态文明理念融入学校教育内容，采取多样化方法，深化生态文明教育与知识普及。鼓励师生亲历生态校园建设，培养环保意识与行动习惯，从自我做起，为美好校园环境添砖加瓦。重视文化设施与历史承继，文化建设是高校高水平发展的基石。初期建设以满足基本学习生活需求为主，结构调整完成后，着重文化建设，特别是加快文化设施的高品质建设，以增强环境育人的效能。学校结合历史与现状，力求在传承中创新，在创新中累积与弘扬文化，使校园文化底蕴深厚且充满活力。

第二节　新时期高校德育创新的理论基础和原则

理论创新源自实践活动，引领着社会的发展与变革步伐。它催化制度、科技、文化等多领域的革新，鼓励我们在实践道路上不断前行，保持进取心，避免停滞。因此，当前高校德育工作的革新亟须稳固的理论根基作为引导原则。

一、新时期高校德育创新的理论基础

根植于数千年的社会发展历程，中国传统文化构成了一套深邃的思想体系，崇尚人与自然、人际的和谐共生，将宇宙自然（天、地）与人类视为不可分割的一体，以“天人合一”为理想追求的顶点。

该文化体系核心围绕伦理思想、个人品德修养及国家治理智慧，展现四大显著特性：一是强调伦理价值的根本地位；二是紧密关联实际政治情境；三是倡导主体性，涉及认知自主、道德自觉及生活自主；四是重视全局视角与综合考量。

（一）科学发展观中的“以人为本”思想

我国正处于社会转型的关键时期，一方面，伴随着国内社会主义改革开放的推进与市场经济体系的成熟，社会生产和生活方式正经历深刻转型；另一方面，信息化与网络技术的飞速发展引领全球步入知识经济新时代。这些变化迫切要求教育体系，特别是德育领域，紧随时代脉搏，培育符合社会转型需求的新型人才。德育，作为塑造社会精神与个体思想意识的关键环节，其发展与创新不仅要体现时代前沿性，还需在新理念指引下，批判性继承并超越传统观念。

“以人为本”的科学发展观，是社会主义性质与价值观的集中体现，德育理应坚守并推广这一核心理念。以人为本，核心要义在于将民众利益置于所有工作的首位，持续关注并满足民众多样化需求，致力于人的全面发展。正如马克思所强调的，任何一种解放都是把人的世界和人的关系还给人自己，这正是以人为本理念的深层含义——释放人的内在潜能，实现个体的全面、主动、自由

发展。

因此，以人为本不仅是德育的根基，也是其先决条件。践行这一原则，德育实践需体现为尊重、理解、关怀和信任学生，寻求个性发展与全面成长的和谐统一，促进创造性人格与健康人格的并重发展，确保学生既能有效学习，亦能掌握学习方法，全面助力学生的成长与进步。

（二）系统科学理论中的“大德育”思想

系统科学聚焦于事物间整体联系与动态演化的规律，其核心观点包括如下几点。

1. 系统性

任何实体均可视为一个系统，由内部相互关联、作用、依赖的部分组成，整体性是其根本特征。系统嵌于环境中，不断与外界交换物质、能量和信息。在德育体系中，教育者、受教育者与教育过程构成三大基本元素，它们紧密相连，相互作用。强化高校德育创新，需从全局变化出发，树立战略眼光和时代感，通过整体观指导，确立调控目标，促进各组成部分协同，形成多层次、多维度、立体交织的德育网络。鉴于德育工作的广泛性和复杂性，有效的调控机制对于避免无序与效率低下至关重要。实现德育高效，需整合校内外资源，促进家、校、社会联动，共创良好育人生态。

2. 层次性与等级性

系统内部元素存在层次结构，不同层级遵循不同规律。德育的层次性基于教育对象的多样性，提高德育实效需关注层次性，尊重教育对象主体性，实施精准施策。针对教育对象的层次差异，应按照学生全面发展与理想人格塑造的逻辑顺序，根据不同学习阶段、时机与环节，灵活设计教育内容与方法，逐步深化，形成系统化的教育体系，推动教育实践与理论同步提升。

3. 结构与功能

系统效能的发挥依赖于其组成部分及其结构形式。系统总功能并非单一部件功能的简单相加，而是部件间功能的协同整合。这一原理提示我们，需从要素、结构、功能与环境的交互影响角度，优化系统内部构造，有意图地实现最优结构配置，以达到系统效能最大化。

综上所述，构建高效的大德育体系需实现以下目标：加强家庭、学校与社会间的沟通协作，促进深度融合；优化高校内部各部门、岗位间的协同配合；合理配置德育工作的各要素，包括目标设定、内容选择、实施路径、教学方法、管理策略与评估机制，确保各环节联动顺畅，共同营造一个和谐统一的德育生态系统。

二、新时期高校德育创新的原则

（一）主体性原则

主体性原则的核心在于高校德育实践中，始终坚持认定大学生为德育进程的中心角色，强调他们是德育活动的主动参与者与创造者，着重于培养其自主性和主体意识的发展。

将学生视作教育的根本价值所在，明确他们在高校德育中的核心主体地位，改变过去仅将学生视为管理和教育客体的做法。教育应围绕学生展开，以学生的需求为导向，重视并关怀每一位学生，致力于其成长与成才，这是高校德育最根本的目标导向。

将学生视作教育进程中的活力源泉，着重激发他们的自我教育意愿与能动性。这一转变意味着从以往过度依赖管理者引导的模式中走出，转而加强对学生自主性与内在潜能的关注。目标在于唤醒学生的主动参与意识，点燃他们的内在热情，于课堂学习、校园文化塑造、社团活动参与及社会实践等多维度中，为学生搭建舞台，让他们成为这些领域的活跃主角，全面释放其主观能动性。

将学生视为教育中的核心权利持有者，积极保障他们的正当权益。这一调整旨在平衡过往偏重管理与对学生责任强调的做法，转而强化服务意识，确保学生的教育权利与公民权益得到实质性的保护。在高等学校的道德教育实践中，应将其塑造成一个尊重并捍卫学生权益的过程，同时成为助力学生个人成长、才能培养及全面进步的服务平台。

同时，将学生定位为教育成长的驱动者，推动其综合素质的全面提升。这意味着要纠正过去可能存在的重理论轻实践、重填鸭式教学而忽视个性发展的倾向，建立一套融合科学精神与人文素养的教育体系，以及结合社会适应性和个人特色的人格发展模式，从而促进学生各领域能力的均衡与和谐发展。

（二）开放性原则

开放性原则意味着大学德育革新需超越以往的封闭模式，对德育的目标、内容及方法实施全方位的开放策略。这旨在解除学生以往面临的局限，使他们在一种开放、灵动的德育环境中，能够主动、自觉且自愿地参与到学习、反思、评判及剖析的过程中去。

1.德育目标要体现开放性

德育目标需展现出开放性特征，作为高等院校德育工作的导向标和准则，它从根本上指导着内容、方式及策略的选择，并持续发挥其引领与规范效能。观察国际领先高等教育机构的德育愿景，不难发现它们共同地强调“开放性”。例如，德国着重于培养具有国际视野的人格特质；美国则侧重于在开放式德育情境下，增强学生的道德判断能力与创新能力，培育独立、自信且积极参与社会的公民。

中国与美、德的德育目标，显现出共有的价值观，倾向于开放性和个性培育。中、美、德三个国家均重视在开放环境中塑造学生的完整人格，促进个性发展，并在轻松积极的氛围内促进德育的内化与体验。鉴于此，中国高校德育目标的设定，应当在保留自身特色的同时，借鉴并融入国际上成功的德育理念与实践，以实现目标体系的优化与升级。

2.德育内容要注重开放性

学生的道德成长是一个连续且遵循内在规律的过程，因此，德育内容的开放性应当顺应这一发展规律，充分考虑学生的认知水平与接纳水平，并随时代变迁和社会形势的发展不断充实与更新。

首先，将道德教育的核心价值与规范体系向学生公开，鼓励他们独立思考，自主做出判断和选择。

其次，采取灵活多样的德育理论与教材。在坚持国家德育总体目标的基础上，结合本土实情及学生特点，引入国外先进的德育理念与实践经验，拓宽学生国际视野，增进其对全球德育动态的认识。

最后，德育内容需紧密联系现实生活。学校应依据学生实际情况，定期组织形式多样的教育活动，如时事教育、国家政策解读、法治纪律教育、公共道德教育、健康教育及环保教育等。这些内容贴近日常，生动具体，易于学生理解并接受。

3. 德育手段要展现开放性

积极采纳现代科技工具，赋予德育课程教学以更强的开放性特质。例如，利用计算机技术模拟现实生活中的道德困境案例，随后引导学生进行深入分析和解决策略的探讨。采用多媒体教学方式，重现历史事件与日常生活场景，使学生仿佛置身其中，获得更直观的感受与体验，增强情感共鸣。这种开放式的德育教学模式，使得课堂更加生动有趣、内容更加丰富多彩，有效提升了德育教学的吸引力及实效性。

（三）实践性原则

实践性原则强调，在开放的教育环境下，高校德育革新应当依托师生间的积极互动与实践活动的亲身参与，激活学生的道德思考能力和创新能力。通过动态实践过程，德育不再是静态灌输，而是转化为学生内在素质的培养与提升，实现在行动中领悟与成长的目标。

1. 德育课堂要突出实践性

德育课堂的实践性集中体现在锻炼学生批判性思维和问题解决技巧上，要让实践成为学生道德成长与成熟的实战演练。为此，需彻底告别传统观念，摒弃德育课固有的静态化、理论化模式，将教学内容与现实生活紧密结合，将课堂转变为学生面对真实挑战、解决实际道德难题的实践平台。

首先，增强课堂内的互动性，不仅包括师生互动，还有学生间的讨论合作，通过这种互动深化理解、交流观点、促进内化学习与能力提升。

其次，重视实践操作与思维训练，确保学生在遇到现实道德情境时，能够自信地运用所学知识和道德判断力，灵活解决实际问题，增强其动手与动脑的实践能力。

2. 德育活动要贯穿实践性

德育活动的实践性应聚焦于学生的直接参与及体验，鼓励学生通过实际行动来获得第一手经验。高校中不乏具有德育价值的活动实例，诸如新生军训、志愿服务、专业技能竞赛等。这些活动应依据现代德育理念精心规划与强化，旨在加深学生对事物的直观感受，充分利用感官体验与情感互动，促进学生在体验中收获感知、情感，经过思考与提炼，转化为深层次的理解，最终形成个人的道德观念。

（四）层次性原则

层次性原则意味着，在高校德育工作中，需依据学生所处教育阶段的年龄特点及其思想品德发展的实际水平，灵活设定适宜的教育策略、目标、内容及要求。这要求教育活动务必贴近学生个体，考虑其年龄差异、个性情况及情绪状态，真正做到个性化教学、阶段性教学和情境化教学相结合，以实现教育效果的最大化。

1.要因人确定德育工作目标

若高校德育目标单一无层次，可能导致教育偏向少数精英学生，专注于培养“模范”，而忽略了大部分学生的实际需求。这易造成德育实践偏重理论灌输，忽略道德情感、道德意志的培育及实践能力的锻炼，结果是学生在校内外表现脱节，成为表面遵从规则的“伪善”者。因此，高校德育需建立一套分层次、循序渐进的基本道德标准体系，引导学生从基础向更高层次的道德追求迈进，确保教育实效性与个体发展相匹配。

2.要因人确定德育工作的广度和深度

鉴于大学生年龄与心理发展的多样性，他们对德育内容的吸收范围与理解程度各不相同。德育工作因而需紧密贴合学生的实际情况，在教育内容与要求上做到个性化适应。特别对于那些面临学习倦怠、心理困扰的学生，若德育内容超越其承受范围，即便内容本身正确，也难以达到预期效果，甚至完全失效。

3.要因人确定德育工作的手段和方法

高校德育教师需深入了解每位学生的个性特质与道德发展状况，细致区分他们的经验和生活背景所带来的道德成熟度差异。基于这些个体差异，教师应精心挑选并灵活应用多样化的教学手段和方法，确保德育工作精准对接每名学生的独特需求，促进其道德认知与行为的个性化发展。

第三节　新时期高校德育的创新发展

新时期下，高校德育的创新发展受科学发展观启发，该观念强调以人为本，追求全面、协调及可持续性发展，旨在促进社会经济与人的全面进步。这一理论犹如一股清流，为面临挑战的高校德育工作指引了新航向，催生了革新。高校德育需秉承科学发展观，从多个维度推进创新：更新德育观念、丰富德育内涵、探索新型教学法、重构德育体系、革新评价体系、营造优良德育生态，并重视师资道德建设。这些举措合力重塑高校德育的活力与效能，旨在为国家现代化培育出大批道德素质卓越的英才。

一、高校德育理念创新

在高校德育工作的革新中，理念创新发挥着至关重要的先导性和基础性作用。关键在于采纳“以人为本”的新德育观，切实认可大学生作为教育主体的角色，着重激发他们的个性特质与内在潜能，力促学生全面、和谐且自由地成长。

马克思主义唯物史观视人类社会发展为自然历史进程与人类自觉行动的统一，强调客观规律与主观能动性的辩证结合。科学发展观继承并坚持这一思想，核心在于以人为本，旨在促进人的全面发展与社会全面进步。德育，作为关乎个体全面和谐成长的学科，其现代化实践必须以科学发展观为引领，将“以人为本”设为基本原则，进一步巩固学生在德育实践中的核心位置，视学生为教育价值、动力、权利与发展本身的承载者，紧密围绕学生成长成才的终极目标，立足当代大学生的现实思想状况、学习生活状况，坚守以育人为本的宗旨，将教育的塑造性、激励性、服务性及发展性融为一体，持续提升教育的相关性、前瞻性和创新力。践行以人为本的德育观，需确保对教师与学生的角色有清晰界定与恰当定位。

（一）要破除“教师中心论”的旧观念

在德育实践中，教师应兼具教育者和学习者的双重身份，与学生共促成长，教学相长。教师角色需转型，从单纯的知识传递者转变为学生的引导者，激发每个学生的内在潜力，促进其成为学习的主动驾驭者。教师应精于创造条件，让每个学生都能发挥主体作用，从被动学习转变为主动探索。将“以人为本”的理念渗透到日常对学生的关怀、辅助、尊重及鼓舞之中，成为学生的亲密指导者与朋友，精准洞察学生思想动态，积极引领其道德航向。

（二）要树立“学生中心论”的新观念

教师要着重激发学生的主体意识，让学生成为德育活动的中心与主动参与者，有能力自己搭建舞台并担纲主演。这不仅能满足学生追求自我实现的心理渴望，还能显著提升其价值认同感和成就感。当学生转变为活动的“主演”，就能将社会对他们的期望逐渐内化为个人的内在追求，将社会的道德规范和原则转化为他们的个人道德信念与行为标准。这一转换促使学生从依赖外界约束的“他律”转向自我驱动的“自律”，自发地规范行为，成长为品德优秀的个体。

二、高校德育的内容创新

（一）德育内容创新应与时代发展相适应

虽然传统的德育重心放在强化政治导向及思想品德培养上，这一点极为关键，但面对日新月异的未来社会，仅停留在这一层面已难以全面适应社会进步及个体成长的多元化需求。纯粹的思想灌输与侧重政治性的品德培育，在新时代背景下可能显得苍白无力。

步入21世纪，德育目标需超越单纯的政治思想及品德塑造，向促进学生全面素质与个性多元化发展转型，以契合知识经济时代对人才全面综合能力的需求。德育内容应随全球新态势与教育对象特性的变化而持续革新，致力于综合素质教育的强化，推动人的全面发展与个性的自由表达，形成一个灵活应对时代变革的综合德育理论体系。同时，德育实践需平衡民族文化传承与国际视野的双重使命，一方面要深入挖掘并继承民族文化的精华；另一方面要将传统文化精髓与现代科学理念融合，将德育内容融入全球政治、经济、文化等多个维度，实现横向与纵向的教育内容拓展。通过宽广的视角与深远的战略，让学生做好迎接全球化挑战的准备，培养既能立足本土又能放眼世界的全方面高素质人才。

社会主义核心价值观在社会主义道德建设中占据核心地位，有深刻的思想性、明确的导向性和直接的现实意义。它凝练了爱国主义、集体主义和社会主义的核心思想，深刻反映了社会主义道德规范的基本内涵，体现了法治与德治相结合的国家治理策略，同时也是中华传统美德、革命优良传统与现时代精神的有机结合体。高等教育机构应当将这一核心价值观深度融入德育实践中，着力提升与革新针对大学生的思想教育工作，旨在培养他们树立正面的人生观念、价值取向及道德标准。

（二）德育内容应与人才发展的需求相适应

德育在全面提升个人素质中扮演关键角色。其内容创新需紧跟时代步伐，才能培养出有独立精神、具备良好的道德水平、有创新思维、身心健康的人才。这意味着，德育不仅要聚焦于受教育者的政治导向、思想意识等意识形态领域，同时也要重视其生理健康与心理健康；不仅要强化知识传授、技能训练和思维启迪，还应同时关注大学生的个性特质，如情感、意志、兴趣、价值观及信仰的培养，以及社会责任感和社会实践能力的提升。

简而言之，德育的任务不仅是为受教育者的成长指明道路，更要为他们的个性化发展和才能施展提供实质性的引导与支持。

三、高校德育方法创新

（一）科学运用典型示范的方法并确立引导式德育方法

典范引导法是指借助典型人物与事例作为教育素材，激励学生学习、对比并模仿。此法通过具象化的案例替代抽象说教，触动学生的情感共鸣，增强教育效果。

首先，要扎根实际，敏锐识别并推广拥有广泛群众根基的真实先进典型，确保其事迹可信赖；其次，系统规划学生的学习进程，有序引导他们向典范学习；再次，强化正面宣传，通过参观、听报告、座谈交流等多样方式，提升学生对榜样的认知，端正学习心态；从次，构建积极向上的比拼氛围，激励学生在竞争中相互学习、帮助，共同进步；最后，参与德育实践的教师也需将先进人物视为自我提升的标杆，以身作则，这样才能更有效地激励学生效仿学习。

（二）重视校园文化建设并确立渗透式德育方法

校园文化是社会文化体系的分支，特指高校特有的精神环境和文化氛围，它涵盖了教学科研、校风学风、环境建设、制度管理、服务质量等多维领域。鉴于大学生的大部分时间在校园文化熏陶下度过，通过优化与利用这一环境，可有效推行渗透式德育策略。

1.由有形教育向无形教育转化

有形教育指“两课”教育、党团组织活动、时事政策讲座及专项德育会议等正式教育活动。无形教育则体现在校风、学风、教风及班级文化的默默影响中。尽管有形的、显性的教育不可或缺，但巧妙融合无形的、隐性的教育方式能取得更高效的结果。无形的、隐性的教育形式丰富、生动，寓教育于美感与乐趣之中，令学生在潜移默化中受到影响。校园文化正是无形教育的典型代表，故加强其建设，塑造独特的校园精神，弘扬时代精神主旋律，是教育学生的关键途径。

2.由有意识教育向无意识教育转化

明确导向的教育是指那些有目标、有计划且结构化的思想、政治及道德培养活动，侧重理性传授。相比之下，自然渗透教育是通过富含价值观和美学意蕴的、富于感知体验的校园文化活动及实体环境，间接发挥作用。校园文化经由创建富有教化意义的场景与活动，于学生无察觉间施加正面影响。因此，加强校园文化建设，如优化绿化、美化环境，倡导尊师重教与师生互敬的文化，完善文化设施，举办多元社团活动，营建正气充盈的校园氛围，是实现从明确导向教育向自然渗透教育转变的关键步骤。

3.由外在教育向自我教育转化

无论从显性到隐性，或是从有意识到无意识的教育转变，其核心都是促进外在教育向内心深处的自我教育转化。学生作为校园文化的核心，其活动的根本目的是促进个人成长。因此，在构建校园文化时，高校在德育实践中需设计学生感兴趣的活动形式，如演讲辩论、宿舍文明竞赛等，鼓励学生积极参与，借此不断提升自我教育与自我提升的能力。

（三）拓展高校德育渠道并确立体验式德育方法

体验式德育是近年来高校德育实践中创新的一种理论与实践相结合的教育方式。

实践教育内涵涉猎广泛，涵盖三个层面：一是学生个体的生活实践经历，如参观考察、社会调研、社区服务；二是集体性社会实践项目，如公益劳动、青年志愿活动；三是日常行为习惯的实践养成，体现在军训参与及规范遵守中。实践教育之所以成为高校德育的关键策略，原因有二：实践层面，改革开放至今，高校德育在实践探索中勇于革新，成就斐然，开辟了成功的实践道路；理论层面，实践是德育启程的基础、达致目标的桥梁及其实现的核心策略，因此高校必须强化实践教育，采用体验式德育策略。

一方面，高校要鼓励学生积极参与实践，以此增进对生活的直观感受和初步理解，奠定信念基础。亲历挑战方能深知生活不易，实践是能力成长的沃土，在高校德育实践过程中，教师应鼓励学生深入社会，深刻体会生活本质。

另一方面，深化学生对社会实践意义的理解至关重要。当前，正值国家改革发展的紧要关头，高校德育需聚焦支持改革的时代议题，通过理论学习与实践活动，牢固学生改革信念，理性面对利益调整，积极投身改革洪流。因此，德育需紧跟改革开放步伐，适时优化实践基地，实现实践教学的系统化、规范化与常规化。最终，要强调德行的实践养成，“知易行难”，良好的道德品行仅凭理论学习无法达成，必须在实践中落实，做到知行统一。

（四）贯彻因材施教原则并确立咨询式德育方法

差异化教育，即依据个人差异定制教育方案，针对不同学生的特点和需求施教。在德育实践中，融合咨询元素，能显著提升教育成效。今天的心理咨询已经超越了简单的治疗范畴，更是一种助力、启迪和教育的过程。咨询式德育方法旨在全方位满足学生需求，通过咨询服务中心，高校不仅提供咨询服务，还在德育实践中融入培训、辅导功能，并结合评估与策略研究，形成一个相辅相成的教育体系。

1. 咨询服务

咨询服务构成了咨询机构的核心职能，覆盖对大学生多方面的关切，咨询服务的内容不仅限于心理相关议题，比如理想追求、人生规划、人格发展、社交技巧、情感关系、学业挑战，甚至包括特定的心理困扰，还应拓宽至方法论指导、能力提升、职业规划与就业选择等实用咨询领域。

2. 培训与辅导

培训与辅导旨在依据心理学原理，针对特定目标，运用专业技巧与适宜环境，对个人或团体进行系统训练与指导，旨在弥补学生心理素质或其他能力上的缺陷，促进其按预期方向发展。

3. 评价与对策研究

评价与策略探究是咨询式德育科学化、规范化的关键环节。该环节基于丰富的咨询案例累积与分析，首要任务是建立健全咨询档案。针对高校实际情况，评价与研究可聚焦以下几点。

首先，高校要评估新生的基本素质，分析其倾向性，依此科学定制个性化教育策略，确保因材施教的实施；其次，要深入分析学生整体素质，研究相应教育措施，预测学生发展趋势，以科学方法指导教育实践，优化教育成果，同时为学生职业规划提供建议；最后，高校需加强常规评估工具与方法的探索，作为咨询辅助，运用量表等工具量化评估学生，增强咨询的客观性和有效性。

（五）借助大众传播媒介实现德育手段的现代化

1. 要注重传统媒体的德育功能开发

现今社会，大众传播媒介迅猛发展，包括报纸、杂志、图书、广播、电视、电影及录像等，这些传统媒体作为舆论导向的核心工具，其德育效能不容忽视。高校应强化其功能开发，例如在学生宿舍配置闭路电视系统，高效利用校报、校园广播等平台，及时推送正面资讯，解析社会热点与难点，辅助学生解决冲突，将潜在问题提前化解。

2. 利用多媒体技术增强德育课效果

随着信息技术、网络技术和多媒体技术在教育领域的渗透，传统教学模式正经历着前所未有的变革。思想教育的个别辅导突破了面对面的传统限制，高校德育实践已跨越时空界限，可以借助计算机作为媒介，实现教育者与受教育者之间信息、思想及情感的顺畅交流。在新的时代背景下，高校德育不仅要坚守和加强大学生的社会意识形态、中华传统美德及优秀文化的教育，同时也要奋力推进德育课程的现代化和多媒体化进程，深入探索适合德育课程的教学方法，研发多媒体教学软件，以打破传统德育教学的单一性，焕发学生学习热情，激活课堂互动。

3. 运用现代网络技术并实现德育网络化

德育信息网络体系涵盖了校报、校刊、校园广播、有线电视台、公告栏及宣传窗口，特别是校园计算机网络。这一网络系统需扮演双重角色：既是“守门员”，过滤负面信息，保护校园环境，又是“平衡器”，能对难以屏蔽的不良信息进行合理引导。核心目标是营造积极正面的信息主流，抵御网络负面信息，通过整合校园资源，开发软件或主动发布正面信息，对抗不良信息。同时，鼓励学生积极参与，提升他们对信息化社会运作机制的理解与适应能力，确保他们在未来面对信息洪流时能够更加成熟和自信。

四、高校德育机制创新

高校德育机制的创新是关键，要求高校构建一套适应社会主义市场经济环境、科学规范的运行体系，确保德育工作遵循其内在规律，顺畅高效地推进，实现持续健康发展。当前，核心在于强化以下四个机制的完善。

（一）健全领导机制

学校党委作为德育工作的领导核心，需负责德育的总体设计，包括指导思想确立、工作原则、任务规划及重大事项决策，并主持德育的整体规划及实施方案，定期审视学生思想动态与德育工作进展。在党委领导下，高校要确立以校长及行政系统为主体的德育管理体系，确保学生德、智、体全面发展，由校长承担总责，并指定一名副校长专司德育事务。在此基础上，建议设立德育工作领导专班，并配套相应的执行小组以加强组织协调。

高校的党委宣传部、学生工作部、思想政治理论课教学部门、教务处、学生处及团委是德育工作的主要组织执行机构，而党委组织部、学生工作部和人事处需负责德育队伍建设的管理。校内其他部门也应积极响应，紧密协作，形成合力，共同参与高校德育实践的管理。

（二）优化激励机制

激励机制本质上是一种促进竞争的机制。构建德育激励机制需遵从教育外部关系规律，迅速响应上级关于德育工作的指导与信息，以此激励全校教职工积极参与德育工作，其理论基础是教与学双方均内在地渴望德育进步。核心路径在于鼓励多种竞争形式，结合物质奖励与精神奖励，以及责任、权利、利益的合理配置与调整，全面激发教职员工及学生的积极性、主动性和创新精神，促进双方协同合作，共同努力提升德育工作质量。

当前，多数高校已实施德、智、体综合评价体系，并将其与学生评优、助学贷款及奖学金评定关联，部分高校也制定了德育工作者绩效考核与评估机制，有效促进了德育团队的工作成效。这类考核评估需依据不同职位目标与职责设定差异化指标与标准，采用定性与定量分析，纵向横向对比及专项与综合评估相结合的方式。评估结果直接影响物质奖励与精神奖励，通过差异化的奖惩机制激励先进、鞭策后进，促进高校德育实践工作不断优化提升。

（三）健全协调机制

高校德育体系是一个强调内部协同的“大德育”环境，需要各工作部门及岗位间的紧密合作。

构建高效协调机制，整合多方资源，强化党政、教育管理及专职人员与非专职人员间的协同，特别是后者。高校在德育实践过程中，各部门与相关工作人员应明确各自的职责划分，妥善协调集中教育与分散教育、常态教育与阶段教育的搭配，确保专职德育工作者专注于攻克普遍存在的思想认知难题，而日常工作中突发的思想问题，则由行政与业务一线人员即时处理，实现问题的快速响应与解决。

实现有效协调，需界定教学、科研、后勤等工作人员的教育职责，增强他们的“全员育人”意识，无论是通过教学、管理来实现，还是通过服务来实现。同时，专职德育人员也需深入了解业务，提升自身的科学文化素养和理论水平，以便将德育工作与专业教学、行政管理及后勤服务深度融合，更高效地支撑德育目标实现。

（四）健全投入机制

明确德育资金的预算科目，确保资金来源于政府教育拨款及学生学费或杂费。资金投入重点支持思想教育的课程教学、管理活动与日常德育实践三个方面。教学管理资金覆盖马克思主义理论课程、品德教育、德育专职人员与“两课”师资培训、社会实践调研、教研室条件升级、资料购置及德育科研项目。日常活动资金则用于学生品德培养、假期实践、大型德育项目及表彰奖励等。学校发展规划需整合现代化德育设施、设备与活动基地建设，以促进学生德、智、体全面发展，并确保基础建设与设备预算充足。政府应在德育硬件设施建设上予以扶持与优惠政策，持续增建活动场地、更新设备、改善设施，确保高校德育政策得到有效执行与落实。

五、高校德育环境创新

德育是一项需要社会各界协同参与的重大任务，应依据德育的内在规律，构建一个由学校、家庭和社会三方紧密合作、共同参与的“全方位德育”模式，实现“三驾马车并驱”的综合育人体系。

（一）高校、社会和家庭各司其职

教育机构，覆盖从幼儿园至大学的各个教育阶段，需系统性地推进德育进程，确保各阶段间德育工作的无缝对接与连续性，为高等教育阶段的德育奠定坚实基石。高等院校作为学生全面发展的重要阵地，承担着塑造青年学子品德风貌的关键职责，需营造一个积极向上的德育环境。这要求高校要深入践行党的教育理念，不仅在课程设置上融入德育内容，还要通过广泛的教育实践和环境营造，实现德育的全维度覆盖，包括课堂教学、学术研究、校园文化及日常管理等各方面，力促每位教职工成为德育的践行者，共同织就一张立体化的德育网络，真正做到教育与管理并重、服务与引导相结合，全方位促进学生品德成长。

就社会层面而言，各行各业应当与高校的德育目标相协调。大学生涯是学生世界观、人生观及价值观塑形的关键阶段，故社会环境的质量直接影响其道德观念的培育。提升并维护良好的社会环境，是全社会共同的责任，需要地方党组织、政府机构及每一位公民的积极参与和贡献。

至于在家庭层面，父母应密切关注子女的成长动态，通过频繁而深入的交流理解其内心世界，及时指导纠正子女可能出现的价值观念偏差，确保孩子能够树立正确的思想观念，适应现代社会的步伐，健康成长。

（二）高校、社会和家庭的沟通与合作

显然，高校德育工作深受学校、社会及家庭三方面深刻影响，三者缺一不可，需形成一个协同作用的生态系统以共同促进大学生的德育培养。当前，高校德育实践中存在与家庭及社会沟通协作不足的问题，这是亟待解决的挑战。

学校应积极寻求家庭及社会对德育工作的认同与协助，充分利用两者在教育中的正面影响力。教师应主动与家长建立联系，建立健全家校沟通机制，确保学生信息的全面共享，消除教育监管空白，同时确保家长意见的即时反馈，共同推动学校与家庭德育工作的精准高效开展。

学校应充分利用社会广阔的德育资源库，创新德育实施方式。通过校企协作、教育与产业融合等模式，多元化建立校外德育实践平台，紧密贴合学生专业实践，邀请业界专家担任校外德育导师，并安排定期讲座，实施“走出校园，引进来”的策略，拓宽学生见识，培养符合社会需求的人才。学校还需定期追踪毕业生发展，调研社会对人才的需求与学生适应度，据此不断优化高校德育策略。

六、加强师德建设

在高校的德育领域，教师作为塑造心灵的工程师，扮演着引领者的角色。院校的师德水平不仅是教师团队素质与教学质量的直接反映，也深刻影响着校园的文化风气和师生的精神面貌。评估德育成效的核心在于教育目的是否成功内化为学生的个人品质。教育目标与学生个体素质的契合标志着德育的成功。此成效受学生接受度与教师自身思想道德修养的双重影响。教育的基本法则揭示了教育是师生双方互动的过程，其中教师起主导作用，这意味着教师的师德状态是德育成果的关键变量。教育的本质在于人格的传递与灵魂的培育，长期教育实践证明，教师崇高的思想境界与道德修为对学生的正向成长具有深远的

引导和熏陶作用。

制度建设是教师团队建设的根基。常言道，“无规矩不成方圆”，师德的培育既依赖个人自律，也需外在规范。在提升师德的过程中，既要强化思想教育的引导力量，也需通过严格的制度约束与管理机制，确保教师能主动并忠诚地履行教育育人的使命。

当前，加强师德建设可以考虑重点制定和完善以下几项制度。

（一）师德学习培训制度

在师德学习培训制度的推行过程中，首要的是对教师政治素养的培养，内容要涉及政治理论、政策及法律法规教育。当前，需着重加深对核心政治理论的学习，掌握党的路线方针、政策，及时了解重要时事，以巩固教师的政治立场。

接着是对教师道德素养的培训，相关内容应涵盖公民道德、教师职业伦理及学术诚信教育，旨在增强教师的职业忠诚度、责任感，激励其热爱教育事业，严于律己，成为学生的榜样。

最后要致力于教师专业能力的提升，涉及教育新理论、观念、思想、知识与方法的学习。通过此类培训，旨在提升教师的教育理论素养、知识深度、教学技能，使之更胜任教书育人的使命。

（二）师德考评监督制度

强化师德考核与外界监督机制，是促进教师道德素养提升的关键一环，外界的监督能让教师更加谨慎其言行。师德评价体系作为检验教师品德、才能及工作成效的标尺，对教师个人成长具有不可忽视的意义。因此，高等教育机构需采纳民主透明的方式，建立一个融合教师自我评估、同行评议、学生意见及管理层评价的多维度评价体系，旨在帮助教师更清晰地自我认知，以此为动力，无论何时何地均坚持成为值得学生效仿的道德楷模。

（三）师德激励约束制度

师德的良性发展离不开教诲培育与激励约束机制的双重驱动。教育学习是构筑师德的地基，而激励与约束机制则是引导其向上的支柱。激励意味着表彰模范，树立典型，明确师德标杆；约束则是对师德失范行为依据规则严格处置，对品行不端、师德沦丧且造成不良社会影响的个体，果断撤销其执教资格。这样，在制度的框架内，教师能自发地规范自身行为，确保师德建设不仅停留在理论层面，而是切实取得成效。

（四）师德内化自律制度

师德提升的本质，在于教师个人主动性和内在自觉性的充分发挥，虽需外部环境的支持，但核心在于自我。师德修养是个体内心深处自我认知、自我教育与自我提升的深刻实践。因此，构建师德内化自律体系显得尤为重要。此体系鼓励教师将外界职业伦理规范内化为个人行为守则，将外在规则转变为内在道德修养的需求。自律，则是指教师在缺乏外界监督的情况下，仍能坚守高标准，自发地遵循道德规范。这样的制度促进教师在遵循师德规范时，内心获得满足与快乐，一旦偏离，便会自发产生愧疚与反省，追求“慎独”——即无人监督时亦能保持高尚道德操守的境界，体现了师德修养的最高自觉水平。

七、德育评价机制的创新

（一）建立多功能的学生德育评价机制

创新德育评价机制，首要的是构建一个多功能的学生德育评估体系。该体系的目标超越了单纯衡量学生德育水平或诊断德育现状，其核心价值在于利用评价过程作为激励工具，表彰优秀以资鼓励，同时促进进步滞后的学生。通过优化评价机制的激励效能，确保学校德育实践活动始终保持活力，维持在一种积极向上的理想状态，这是实现德育目标的关键所在。

（二）德育评价要从“单一结果评价”向“多样结果评价”转变

德育评价体系需实现从聚焦“单一成果评估”到强调“多元化成果评估”的转型。传统的单一评估模式忽略了学生多样性和个性化差异，难以满足高校素质教育的要求及社会对大学生多元才能的实际需求。因此，评价内容上，应由仅侧重道德理论知识的测评，扩展为对学生品德、能力和综合素质的全面考量。评价结果上，应打破单一的综合性定级评价，转向体现学生多维度实际表现的详细记录评价，旨在构建一个包容性强、多元化的新型学生评价体系，有力推动德育评价机制的创新与发展。

（三）德育评价要将“自评”和“他评”结合起来

在高校德育实践中，应平衡教育者与受教育者的主体角色，既强调教师的引领作用，也不忘学生的主体性，这符合现代教育的核心理念。然而，当前德育评价常让学生处于被动接受评价的一方，侧重外界的“他评”，而忽略了学生“自评”的重要性，未能充分发挥学生的主观能动性。故此，德育评价改革需促进“自评”与“他评”的融合，鼓励学生主动参与评价过程，将外界德育期望内化为自我提升的动力。这一转变旨在将评价活动转化为学生自我反省、自我调整的有效工具，从而增强德育评价的引导激励效果，促进学生全面发展。

（四）德育评价要将“定性评价”和“定量评价”结合起来

在实施德育评价时，应当融合“质性评估”与“量化评估”两种方式，以确保评价的公正性和全面性。现行实践中仅依赖量化数据来决定学生的德育等级，存在明显的局限性，并且易引发评价目的扭曲，学生可能过分关注分数上的竞争而非真正道德素质的提升。因此，结合质性与量化的评估模式显得尤为重要。量化评估侧重通过数学工具分析数据，得出量化的结果；质性评估则基于日常表现、实际情况或文献资料的深入剖析，进行非数字形式的价值判断。两者相辅相成，旨在形成一个更加立体、全面的学生德育画像，既关注可量化的成果，也不忽视难以量化的品德发展，从而促进学生全面发展，而非单纯的利益追求。

第三章　中华优秀传统文化与高校德育

第一节　德育概述

德育是高等教育体系内的关键要素，对培养学生的全面素质至关重要。社会的迅速发展对高校的德育提出了新的要求，带来了诸多挑战。因此，当前高校德育工作的重点在于革新既有的教育内容与方法，以适应这些变化。

自新中国成立以来，我国的高校德育逐步探索并建立起具有中国特色的道路，有力支持了高等教育的改革与发展，以及国家整体战略的实施。改革开放促进了我国经济社会的迅猛增长，大学生群体展现出较高的适应和接受新事物的能力，但同时也暴露出在独立判断和价值辨识上的不足。鉴于此，强化大学生的思想品德教育显得尤为迫切，要求高校在德育内容和形式上推陈出新，并增强德育理念的内在认同，通过更加广泛和深入的社会实践活动来巩固和提升德育的实际成效。

高校德育实践的首要任务是创新高校德育的内容与形式，适应新时代需求。过往的德育教学大多拘泥于固定大纲和教材，内容单调乏味，难以激发学生的兴趣。传统模式侧重于教师讲授理论，学生被动聆听，双方互动匮乏，限制了学习主动性和参与度，影响了教育效果。为应对这一挑战，高校德育应与时俱进，扩充教学资源，体现时代特性和实践意义，并转向以学生为中心的教学法。利用数字化工具，如互联网和微课程，灵活适应学生的零碎时间学习，同时增进师生互动，精准把握学生需求，使德育更具个性化和实效性。

此外，强化高校德育需聚焦于深化理念认同，并借助多样化的社会实践来增强教育实效。以往局限于教室的纯理论教学，未能充分展示德育对学生成长的价值，影响了学生道德素质的提升及全面发展。因此，当前高校德育需推广深层次的理念共识，运用案例研讨、情境模拟等教学法，帮助学生认识到德育是其社会参与的基础。在此基础上，依托社会实践深化德育影响力，不仅是教育创新的体现，也是检验和提升德育成效的关键途径。通过社会实践，既验证德育成果，又识别并解决存在的问题，为德育工作的持续优化提供导向。

现今，“以人为本”的教育观念已被广泛接受，德育的内涵与结构在不断完善之中，教育方式持续创新，承载平台日益多样，评价体系越发科学公正，支撑机制亦日渐强健，一个全面的德育体系框架已然成形，预示着高校德育正迈向一个崭新的发展阶段。

第二节　中华优秀传统文化中的“以人为本”与德育

中华传统文化核心之一便是强调人的至高价值，素有“天地之性人为贵”的观念，尤其重视人的精神与心灵成长。这一思想孕育了浓厚的人文主义色彩，提倡珍视人生、探讨社会的人本文化传统。

一、中国传统文化对“人”的关注

总体而言，中国传统文化十分关注人的存在，尤其关注人的伦理精神的存在，认为这是人之为人的根本，强调人作为精神主体的能动积极性。孟子曰：“人之有道也，饱食、暖衣、逸居而无教，则近于禽兽。圣人有忧之，使契为司徒，教以人伦，父子有亲，君臣有义，夫妇有别，长幼有序，朋友有信。”可见，孟子认为，具有五伦道德等精神是人区别于禽兽，也即人之为人的标志。荀子将是否有“义”“礼”等视为人区别于禽兽等其他物种或生命的最重要标志。他说：“水火有气而无生，草木有生而无知，禽兽有知而无义，人有气、有生、有知亦且有义，故最为天下贵也。”也就是说，人与禽兽之间的区别就在于人有义而禽兽无义。他又说：“故人之所以为人者，非特以其二足而无毛也，以其有辨也。夫禽兽有父子而无父子之亲，有牝牡而无男女之别。故人道莫不有辨。辨莫大于分，分莫大于礼，礼莫大于圣王。”也就是说，“礼”是人与禽兽之间的根本区别。

《礼记》中亦有类似的论述："男女有别，然后父子亲：父子亲，然后义生。义生，然后礼作。礼作，然后万物安。无别无义，禽兽之道也。""鹦鹉能言，不离飞鸟；猩猩能言，不离禽兽。今人而无礼，虽能言，不亦禽兽之心乎？夫唯禽兽无礼，故父子聚麀。是故圣人作，为礼以教人，使人以有礼，知自别于禽兽。"

《礼记》还将"礼乐"作为人兽区分的标志："凡音者，生于人心者也；乐者，通伦理者也。是故知声而不知音者，禽兽是也；知音而不知乐者，众庶是也。唯君子为能知乐。是故审声以知音，审音以知乐，审乐以知政，而治道备矣！是故不知声者不可与言音，不知音者不可与言乐，知乐则几于礼矣！礼乐皆得，谓之有德，德者得也。"这里，先贤不仅将"礼乐"视为人与禽兽之区别，还将其分了层次，认为只知"声"而不知"音"者视为"禽兽"，将知"声""音"而不知"乐"者视为"众庶"，将知"音"且"乐"者视为"君子"，将"声""音""礼""乐"皆得者视为"德者"，进而更对人提出了文化的要求。众庶知音而不知乐，固然高于禽兽，但更知乐的君子，显然更高于众庶，君子知乐，因故知礼，进而可以"审乐以知政"，君子知乐知礼，进而有德，可成为可以治理天下者。

此外，墨子还提出了"力"的原则，认为"力"也是人与动物之间的区别，他说："今人与此异者，赖其力者生，不赖其力者不生。"

综上所言，中国传统文化尤其重视人的精神，认为人之所以区别于其他自然存在物，就在于人具有其他存在物所不具备的伦理精神，即人的主体性、创造性。正因此，人虽源于自然，却又超越于自然，可以将包括人自身在内的自然视为认识对象来认识，并能够加以利用和改造。

二、中国传统"民本"思想

在中国传统文化中，一直存在着以民为本的思想，中国古代社会的统治者很早就有"爱民""重民""尊民""亲民"的意识。殷商就已有统治者指出要"重我民""罔不为民之承"。意即，要重视民众，没有不遵从民意而做事的。除此之外，《尚书》中还有许多关于民本思想的论述，如"安民则惠，黎民怀之”“天聪明，自我民聪明。天明威，自我民明威”“天视自我民视，天听自我民听”“民之所欲，天必从之”“人无于水监，当于民监”，等等。魏晋时期出现的“古文尚书”把民本思想概括为：“民为邦本，本固邦宁。”意即，人民是国之根本，人民稳固了，国家就安宁了。

春秋时期的民本思想多见于《左传》《论语》《墨子》等典籍。《左传》首先注意到民利及民间疾苦问题，曰：“天生民而树之君，以利之也。”上天为了民众的生存才树立起国君，来为他们谋利益。又曰：“亲其民。视民如子，辛苦同之。”意即国君要爱护子民，要像对待自己的子女一样来爱护，与他们同甘共苦。

战国时期，民本思想进入鼎盛阶段，商鞅将“尚农”作为国富兵强的基础，并形成“重农抑商”的政策，从而奠定了中国古代重农抑商政策的基础。此时，无论是托管晏之名而明确概括出的法家化的“民本”思想，还是老庄基于悲天悯人而形成的淡化政府权力的深邃思想，都显示出民本思潮的多角度展开和全方位推进。《吕氏春秋》将发展农业，看作成就霸业的基础，曰：“霸王有不先耕而成霸王者，古今无有，此贤者不肖之所以殊也。”意即，要想成就霸业，必须先重视农耕，不重视农耕而想成就霸业，从古到今都没有过，这就是贤者与不肖者之间的差别，也即贤者重视农耕，不肖者不重视农耕。

而直接把民本思潮推向以道德为本位、以教化为己任的是儒家的孟子和荀子，尤其是孟子。在孟子看来，民众是天下的主体，只有民众有德，天下才会安定，社会才能发展。孟子系统地提出了自己的民本思想，曰：“诸侯之宝三：土地、人民、政事。”而在这三宝中，尤其以人民最为重要，曰：“得其民斯，得天下矣。”他认为，只有得到人民的支持，土地才会有人耕种，国家才能安宁，政事才能取得顺利进展。因此，孟子又提出：“乐民之乐者，民亦乐其乐；忧民之忧者，民亦忧其忧。”不仅如此，孟子还主张以国民的意见作为评判和决策国事的根本依据。他说：“国君进贤，如不得已，将使卑逾尊，疏逾戚，可不慎与？左右皆曰贤，未可也；诸大夫皆曰贤，未可也；国人皆曰贤，然后察之；见贤焉，然后用之。左右皆曰不可，勿听；诸大夫皆曰不可，勿听；国人皆曰不可，然后察之；见不可焉，然后去之。左右皆曰可杀，勿听；诸大夫皆曰可杀，勿听；国人皆曰可杀，然后察之；见可杀焉，然后杀之。故曰，国人杀之也。如此，然后可以为民父母。”在此基础上，孟子进一步提出了所谓“民为贵，社稷次之，君为轻”的思想，他认为不能以王道而行的君主是不宜为君主的，从而奏响了民本思潮的最强音。此外，孟子认为，失道的君主应该受到批评、匡正，甚至废黜。继孟子之后，荀子也提出许多振聋发聩的警告，曰：“庶人安政。然后君子安位。传曰：‘君者，舟也，庶人者，水也。水则载舟，水则覆舟。’此之谓也。故君子者，欲安，则莫若平政爱民矣。”又曰，“天之生民，非为君也。天之立君，以为民也。”

受民本思想的影响，在中国古代社会，后来的历代君王都有着不同程度的重民思想，并且出现了一大批关心民众、重视民生疾苦的思想家、文学家和政治家。在近代中国，进步人士又为传统的民本思想注入了新的理论，与西方的某些思想相嫁接，成为推动中国社会向前发展的重要思想。

三、中国传统理念：“和”

“和”作为中华传统文化的核心价值观念，贯穿于哲学、文艺及社会多个层面。现代视角下，包含“和”在内的许多传统理念可能显得交织模糊，甚至略带神秘。要透彻领悟并准确把握“和”的深层含义，我们不能单一地依据现代社会需求，仅列举其符合潮流的优势，也不宜仅持批判态度，专注于其历史局限与不足。应当从其特定的社会历史脉络出发，细致分析其内涵，实现全面理解后，再有选择性地继承和发展这一理念，并将其融入高校德育实践中。

（一）演进之“和”

“和”作为一个范畴，其发展脉络呈现出由个别到一般，由具体到抽象的演进轨迹。

1. 音声之“和”

“和”的本义是指声音之相应，“和，相应也，从口，禾声”。《尚书·尧典》“八音克谐，无相夺伦，神人以和”中的“和”就是从其本义而言的。老子也有“音声相和”之说，都指多种声音的协调状态。

2. 调和之“和”

随着“和”的协调之义的逐步扩展，人们开始灵活运用这种状态，采取词性转换和字义引申的方法，逐步实现了其内涵的扩展、提升，赋予了其“调和”之义。《尚书 · 尧典》中有“协和万邦”之说，将万邦之“和”比作音声之“和”。

《左传 · 昭公二十年》记载了晏子关于“和”的言论：“和如羹焉。水火醯醢盐梅以烹鱼肉，燀之以薪，宰夫和之，齐之以味。济其不及，以泄其过。君子食之，以平其心。”将声音之“和”类推至调羹之“和”。《左传 · 襄公十一年》称：“（晋侯）八年之中，九合诸侯，如乐之和，无所不谐。”更能说明这种转换与类比。

3. 礼义之“和”

礼、义是儒家所倡导的人与人之间关系的集中体现，是其理想社会秩序的两大重要维度。孔子说：“礼之用，和为贵。”《礼记》中有“乐者天地之和也，礼者天地之序也，和故万物皆化，序则群物皆别”的说法，将“和”作为礼的理想状态而提出来。在义的方面，《周易》中有“利者，义之和也”之说，其解释为“利物，足以和义”。此外，荀子也有类似说法：“故义以分则和，和则一，一则多力，多力则强，强则胜物。”认为义也需要“和”。

4. 生物之“和”

“生”在传统文化中具有十分重要的地位，将生的功能赋予“和”，是其范畴发展过程中的重大突破，正确处理“生”的功能与协调状态之间的关系，也是“和”的实践过程中的一件大事。《国语 · 郑语》记载，周太史史伯时讲道：“和实生物，同则不继，以它平它谓之和，故能丰长而物生之。若以同裨同，尽乃弃矣。故先王以土与金、木、水、火杂以成百物。”这里，主要讲了“和”与“同”的差异主要在“生”。“和”之所以能生，是因为一物之“生”由多种因素构成。如果仅有一种因素是不可能“生”物的，是不可能继之以长久的。《荀子 · 天论》中“万物各得其和以生，各得其养以成”，也将和与生联系到了一起。就社会状态而言，和谐的氛围、和平的环境，更有利于各行各业的发展；就自然环境而言，风和日丽、风调雨顺，则预示着丰收的年景。这应该就是“和实生物”的内涵。

5. 内在之“和”

老子将“和”与生命体的内在状态联系起来，为“和”的发展开辟了新的领域。老子说：“道生一，一生二，二生三，三生万物。万物负阴而抱阳，冲气以为和。”他还说，“含德之厚，比于赤子。毒虫不螫，猛兽不据，攫鸟不搏。骨弱筋柔而握固。未知牝牡之合而朘作，精之至也。终日号而不嗄，和之至也。知和曰常。”这样的状态，被老子认为是万物普遍的恒常姿态。

6. 中和之“和”

如果说，前面的“和”都是专有所指，那么，从这里“和”就开始走向抽象化、概念化。《中庸》说：“喜怒哀乐之未发，谓之中；发而皆中节，谓之和。中也者，天下之大本；和也者，天下之达道也。致中和，天地位焉，万物育焉。”这里的“和”，已然超越了前面所有的状态与功能，作为“道”的普遍性标准用于天下。

7. 太和之“和”

“和”而至于“太”，是从本体论层面而言的，源于《周易·乾卦》“保合太和，乃利贞气”。北宋张载认为：“太和所谓道，中涵浮沉、升降、动静、相感之性，是生氤氲、相荡、胜负、屈伸之始。其来也几微易简，其究也广大坚固。起知于易者乾乎！效法于简者坤乎！散殊而可象为气，清通而不可象为神。不如野马、氤氲，不足谓之太和。”

（二）发生之“和”

“和”植根于中华文化的土壤中，传统文化先天带有“和”的特征。中华先民长期生活在相对闭塞的大陆环境，较早形成了大一统的社会格局，主要从事四季轮回、生长收藏的农业生产，日复一日，重复着日出而作、日落而息、完满自足、相对稳定的生活方式。农业生产对天时物候变化的依赖性很强。据记载，对四季变化的节气的认识早在夏朝即已形成。“先天而天弗为，后天而顺天时”，长期的农业生产实践左右了人们的日常生活，逐渐形成了人们对天地自然的依赖关系，引导着人们对自然规律的认识和把握，逐步形成整体、综合的思维方式，并通过对自然规律的模仿借鉴，进而建立相应的社会秩序，这就是所谓的“天人合一”。

那么，在今天看来，这些不易把握，甚至可以说带有某些神秘色彩的模式是怎样产生的呢？

《周易》的解释是“效法”，“法象莫大乎天地”，“崇效天，卑法地”，“天尊地卑，乾坤定矣。卑高以陈，贵贱位矣”。老子的解释也是“效法”，“人法地，地法天，天法道，道法自然”。所谓的阴阳、五行、八卦等，都可以说是这种“效法”的结果。

我们可以对这些熟知而又陌生的思维模式做种种推测，但其主旨应该是不变的，那就是农业生产所形成的生、长、收、藏规律的默契于心，所谓“春生夏长，秋收冬藏，天之正也，不可干而逆之，逆之者虽成必败”。其中，“生”的位置又是十分特殊的。在中国传统文化中，“生”才是宇宙的真谛，如“天地之大德曰生”“生生之谓易”“道生一，一生二，二生三，三生万物”“天何言哉，四时行焉，百物生焉”等。虽然“生”只是代表四季中的一季，但人们对它的重视显而易见，中华文明之所以能够绵延不绝，其始点应该就在于此。

那么，作为四象之一的“生”怎样才能做到长久呢？老子的办法是“弱”，他提出“反者道之动，弱者道之用”“人之生也柔弱，其死也坚强，万物草木之生也柔脆，其死也枯槁。故坚强者死之徒，柔弱者生之徒”。老子认为，“强”只能强在一时，就像疾风暴雨一样，只能在朝夕之间，而“弱”才能够生生不已。这里的“弱”不是真正的弱，是辩证的，是以战胜自己为先决条件的，是可以胜强的。所谓“天下莫柔弱于水，而攻坚强者莫之能先，以其无以易之也，弱之胜强，柔之胜刚，天下莫不知，莫能行”。就强与弱来衡量，儒家文化也不属强的范畴。“儒”之本义就有文弱之意，儒家所追求的理想人格“文质彬彬，然后君子”，也不是“强者”的形象。“象”的方式，“生”的追求，“弱”的态势，所有这些，都可以说是“和”的根源所在。

与西方文化相比，中国传统文化“和”的特点更为明显。在处理人与自然的关系上，西方文化强调的是征服自然、改造自然、人为自然立法，而中国传统文化则是以效法自然为前提；在处理人与人的关系上，西方文化遵循“物竞天择，适者生存”的竞争法则，中国传统文化则以和谐、和睦为基调；在处理国家与国家的关系上，西方近代史推行的是向外拓展、向外扩张的殖民主义，中国传统文化强调修文德以来之、强调处下以接纳人；在自我的价值取向上，西方文化崇尚英雄史观、追求外在的强势，而中国传统文化强调克己功夫、自胜者强，追求人性的内在超越；在认知规律的把握上，西方文化注重对立面的矛盾与斗争，中国传统文化强调对立面的相交相生。

（三）辨析之“和”

在“和”的对立面问题上存在多种观点。一般认为，“和”的对立面是矛盾、是斗争、是异。确实，相对于矛盾的另一面“同一性”而言，“和”与“矛盾性”的对立更为显见。但是，在中国传统文化中，首先强调的却是与“同”的差异，如“和实生物，同则不继”“君子和而不同，小人同而不和”“和而不流”等，所以，“和”一定不是“同”。“和”既不是“同”也不是“异”，那么，它究竟是什么呢？“和”在“同”“异”之间，是“同”与“异”对立双方既不同一，又不排斥的一种状态；是对立双方相交、相融，相互作用的活泼的中间状态；是既反对过也反对不及，既反对此也反对彼，既反对动荡不安也反对死气沉沉的“两条路线的斗争”；是“执其两端用其中于民气这个状态”可以指向具体的事物现象，如一个人、一个群体、一个国家、一个社会，也可以是万事万物所蕴含的规律，如道、太和、阴阳、三才、五行等。它的最大特点是，因和而生，不是死水寸潭。通过对立双方调和、融合，相生相克，进而实现生生不息。

“和”是动态变化的，而非静止不变的；是相对的，而非绝对的；是开放的、兼容的，而非封闭的、唯我的。有和谐就有不和谐，暂时不和谐，长远看仍然是和谐。

例如，《周易》六十四卦所展现的事物波澜壮阔的过程，虽然其间有诸多不和谐的因素、环节，但其整体仍然是和谐的，仍然是生生不息的。并且这个过程不是封闭的，而是开放的，其终点不是“既济”，不是绝对的“和”，而是“未济”，向着未来不断演进升华的。

“和”还表现为一种价值趋向。一个国家，一个民族，一个人，都有自身的目标和追求。是以强者的姿态出现，去征服自然、改造自然，为自然立法呢？还是尊重自然、融入自然、效法自然，追求人与自然的和谐发展呢？

中国传统文化肯定的是后者。“和”还是建立在哲学认知、社会实践、人生体验之上的审美追求，所谓“天地有大美而不言”。就个人而言，如《周易》所说的那样：“君子黄中通理，正位居体。美在其中，而畅于四支，发于事业，美之至也。”通过内在超越，进而实现外在的事业，这样的人格才是美的。就社会而言，每个社会中的人都能够做到“甘其食，美其服，安其居，乐其俗”，都不断完善自我，不追求奢华的物质生活，这样的社会环境能说不美吗？

完整理解中国传统文化中“和”的内涵，仅从认识角度泛泛而谈，是不够的，需要我们用切身体验去丰富它。“和”的实现也不是一蹴而就的，而是“苟日新，日日新，又日新”，需要我们不懈地去努力实现它，而非抱定既成事实和现有状态停滞不前。“和”的存在是以“对立”为前提的，没有矛盾就没有和谐，“和”的实现也必须有足够的斗争实力为保证。回避矛盾，回避斗争，单纯“为和而和”或者“以和求和”的方式，注定要失败。当今我国正处于变革时期，经济发展所带来的两极分化、社会问题多发等矛盾，日益显现出来，“和”的重要性越来越为人们所认同。但是，美好的愿望不会自行实现，是需要我们刻意去追求的，为了实现这一目标，必须与自然环境、社会环境、自身内在的环境，一切被认为不合理的东西去“斗争”，不如此，不足以实现这一梦想。让我们共同努力，去创建“八音克谐”、生生不息、共同发展的美好家园。

四、“厚德载物”伦理价值观

“厚德载物”语出《周易·象传》“地势坤，君子以厚德载物”。意思是说大地的形象，就是坤卦的象征。大地以丰富的养料滋养万物，以博大的空间包容万物，以深厚的基础承载万物。有道德的人应该效法大地，胸怀宽广、无所不容，诚实谦虚、智慧善良，以自己的宽厚美德肩负天下大任，成就盛德大业。

“厚德载物”的“重德”文化，是中国古代先哲界定天下之所以为天下的信仰之源，国家之所以为国家的合法性之源，人之所以为人的人性之源。从天下伦理来说，得天下要“以德配天”，天命的得失要以“天德”来衡量，这是天下之所以为天下的信仰之源。

从国家伦理来说，无论是诸侯之国，还是卿大夫之家，其存在的合法性基础是“明德”，这是国家之所以为国家的合法性之源。从个人伦理来说，君子安身立命的根据是“盛德”，只有具备“盛德”，才能成就“大业”，这是人之所以为人的人性之源。特别是“盛德”之人，通过努力创业、敬业、合作，为天下人带来恩惠幸福，从而实现人之所以为人的至善价值，乃是显现一个大写的“人”——君子之所以为君子的本质规定。“厚德载物”是中华民族伦理的重要内容之一，是中华民族精神的重要特征之一，是中国哲学价值观的核心内容之一。

“周虽旧邦，其命惟新。”“厚德载物”的伦理价值观具有重要的现代意义。在中华民族科学理性日益昌明、经济发展日益繁荣的关键时刻，要作为大国而崛起，如果没有伦理价值观的强力支撑，发展是不能长久、不能广大的。所以，“厚德载物”这个古老的伦理价值观不能在中华文化的血脉中流失，中华文化复兴，须臾不可离开天下之所以为天下，国家之所以为国家，人之所以为人的文化根基——“厚德载物”伦理价值观。

“厚德载物”伦理价值观标志着周秦时代中华民族主体道德意识觉悟，标志着周秦时代中华民族崇高的使命意识和崇高的理想信念。“厚德载物”伦理价值观贯穿于周秦汉唐以来中华历史的进程，这种伦理价值观依然具有重大现实意义。

（一）“厚德载物”伦理价值观的现实意义

从主体意识来说，“厚德载物”伦理价值观是中华民族之所以成为中华民族，中国人之所以成为中国人的文化标记。就像历史上的希腊哲人崇尚理性，以知识为美德，形成“重智”的文化性格；历史上希伯来圣徒信仰上帝，以救赎为目标，形成“重神”的文化性格；历史上的中国哲人崇尚德行，认为“大学之道，在明明德，在亲民，在止于至善”，形成了“重德”的文化性格。这种“敬德保民”“厚德载物”的“重德”文化性格，是中国人的一种崇高的人文精神。立德就是明德，就是亲民，就是把人的价值放在第一位。

（二）“厚德载物”伦理价值观的人生使命意义

“厚德载物”伦理价值观追求“盛德大业”或“崇德广业”。这是一种崇高的人生使命意识，这一人生使命意识具有现代意义。

“厚德载物”伦理价值观要求成就“盛德大业”，将人引向崇高的敬业精神。《周易·象辞上》说，“天道显现它的仁爱，潜藏它的功用，鼓动万物却不和圣人一起操劳担忧，隆盛的美德，伟大的事业，可以说是达到极限了！”还说，“易，那是至高无上的！所以，它是圣人用来弘扬美德而开拓事业的。智慧在于高明，礼义在于谦卑，前者效法天，后者效法地，二者的地位确定了，易的变化运行就在其中了！”追求德行的长久、事业的壮大，这是一种敬业精神的世界观。就主体方面说，有盛德就能凝聚人心，团结各种力量，使事业长久；就客体方面说，事业能取得成功，就能激励人不断前进，把事业发展壮大。在“盛德大业”的思想中，德业不是分离的，也不是重德轻业，而是德与业的相辅相成，相互统一。“德”通过“业”而体现，“业”通过“德”而成全，二者不可分离。离开了“业”的“德”是空洞的道德说教；离开了“德”的“业”可能利己害人，甚至害人害己。只有“盛德”与“大业”、“崇德”与“广业”的统一，才能“以德配天”，实现崇高的人生使命。

“厚德载物”伦理价值观要求成就“盛德大业”，将人引向勇于开拓创新的精神。《周易·象辞上》：“盛德大业，至矣哉！富有之谓大业，日新之谓盛德，生生之谓易。”成汤之铭：“苟日新，日日新，又日新。”可见，开拓创新是中华民族几千年的古训，是中华民族精神的灵魂，也是中华民族得以发展的动力。因为世界就是一个变化之流，就是一个新陈代谢的过程。开拓创新精神就是与时俱进，适应世界上各种事物的演变过程，永不停留。尤其是进入信息时代、知识经济时代，全球化的竞争，使得创新能力成为取得成功的法宝。理论创新、制度创新、技术创新，成为现实的需要。这就要求打破旧的理论框架，打破陈规陋俗，打破落后的思维方法的局限，进行“创造性破坏”，创造出新的东西来。开拓创新精神从其思维形态上说，是一种超越的理性主义，它超越常人的意识与思维，发现宇宙的真理和奥秘；超越常人的意志与判断，捕捉各种成功的潜在机会；超越常人的感觉与情感，发现潜在的价值与利益，把生产力和资源的产出从较低的领域转移到较高的领域去。

“厚德载物”伦理价值观要求成就“盛德大业将人引向群体合作精神”。在上古社会，人类的合作是在“九族”的范围之内，也就是氏族之间的协作；在中古社会，人类的合作是在五伦范围之内，即父子有亲、君臣有义、长幼有序、夫妇有别、朋友有信；在现代社会，人类的合作则超越家庭、民族的限制，进入世界市场和全球化范围。人们打破了人的依赖以及对共同体的依赖，在物的中介即商品、货币、资本的基础上，通过血缘、地缘、业缘、物缘、神缘开展广泛的联系，这就需要一种兼容并包的合作精神，扩展自己的生存空间。

（三）“厚德载物”对于克服现代社会异化的意义

“厚德载物”伦理价值观要求像大地那样滋养万物、养育人类、承载万物、容纳人类。它要求在社会生活中将人的生存和发展作为根本价值，反对将人创造出来的知识体系、物质财富或权力体系作为统治人、控制人、残害人的工具。因此，“厚德载物”伦理价值观对于克服现代社会的科技异化、经济异化以及权力异化等造成的矛盾冲突，对于构建和谐社会、和谐世界，具有重要意义。

第一，克服现代科学技术的异化，以“厚德载物”精神造福人类。

现代科学技术已发展到了原子能时代。作为人类认识自然、改造自然的伟大工具，科学技术已成为现代社会的第一生产力。可是，如果缺失了“厚德载物”的价值理性，科技的非人性化使用也许会带给人类巨大灾难。

第二，克服市场经济中的失德行为，以“厚德载物”精神成就“盛德大业”。

在传统社会，依靠暴力、掠夺、欺诈、盗窃等悖理失德手段发财致富的人在世界各地屡见不鲜，“财富之路”似乎与“美德之路”是背道而驰的。

经济理性是通过和平的利用交换机会，以科技理性为手段、以严密的经济核算为工具，获取最大限度的利润。经济理性的核心是主体理性，它可以调动人的内在占有欲，通过利益机制激发创造财富的热情，但也容易引起人际关系的冷漠无情、紧张对立，引发阶级矛盾和斗争，造成社会政治经济危机。

经济德行与经济理性不同，它是以精神利益、声誉收益乃至终极价值的最大化为目标，通过利他和互利来谋求企业共赢共荣，从而获得长远的、广泛的利益。

第三节 中华优秀传统文化融入高校德育的必要性与可能性

一、中国传统文化与德育教育相融合的必要性

德育教育与文化环境的融合，尤其是与中国传统文化的结合，是至关重要的。所有教育活动均嵌入于其文化背景之中，德育教育作为培养个体品德与社会价值观的关键实践，更是深受所在文化氛围的影响。文化不仅是德育的自然背景，也是其核心要素，深刻影响着教育的方向和内容。从根本上讲，德育的精髓在于为社会塑造精神基石，为民族提供心灵的栖息地，而中国丰富的传统文化恰好为此提供了深厚的基础和源泉。

（一）德育教育自身发展的内在要求

德育教育的内在发展需求呼唤对中国传统文化的融合。中国悠久的历史孕育了灿烂的文化遗产，这些文化精髓深深植根于国民的日常行为、思维方式、道德标准及价值观中。因此，我国的德育教育体系必须充分尊重并考量这些文化传统与社会心理特征，通过批判性继承与创新性融合，吸纳具有浓郁民族色彩的传统智慧。只有这样，德育教育才能实现真正的本土化，进而推动我国德育事业的纵深发展与创新突破。

在我国，德育工作是一项教育实践，它最基本的目标是提升人们的思想品德水平，从而推动人的自由和自主发展。人的全面而又自由的发展必然要包括文化素质，所以，德育教育不能脱离文化关怀。但是，纵观整个德育工作的发展历程，我们发现，现代的德育教育却经常忽略其文化性，从而“导致德育教育资源的单一化和教育形式的呆板化，德育教育本应具有的文化含量的丰富性

与不断提升性，在有意无意中常常为我们忽略”。这就造成了“本可生动活泼的德育教育读物有时成为政策、文件、语录的简单汇编与转述，本可情趣盎然、文采飞扬的德育教育有时成为枯燥空洞的政治说教与道德说教”。道德文化的缺乏既导致德育教育的资源日益匮乏，又在一定程度上弱化了道德教育的作用，制约着德育教育的深入发展。中国的传统文化是一种以德治国的文化，它在漫长的发展历程中，积淀了“文化化人”“文化育德”等优秀传统，因而，它是我国道德建设的一项主要内容。要使我们的德育教育得到更大的发展和创造，我们既要注意它的文化属性，又要有选择地从中国优秀传统文化中汲取更多的营养。简言之，将中国传统文化融入德育教育，是德育教育自我革新的一项本质需求。

（二）“文化自觉”与“文化自信”的要求

“文化自觉”指的是个体或集体对其所属文化的深刻理解，包括认识其起源、演变过程、独特性及未来趋势，是一种文化上的自我意识、自我反思和自我塑造能力。“文化自信”则是指国家、民族或政党对自身文化传承和内在价值的高度认可，以及坚信自身文化能够持续繁荣兴盛的坚定信心。

每个民族的传统文化皆承载着正负两面的意义，而文化自觉与自信的实现，在很大程度上，有赖于对该文化积极与消极面向进行审慎且科学的甄别。这要求我们对传统文化采取理性批判的态度，明智地筛选继承，勇于创新，这正体现了文化自觉的本质要求。一个民族若能以客观且深刻的眼光审视自身传统文化，则是通往文化自觉的关键一步。中华文明，历经五千年未曾中断，由勤劳智慧的中国人民世代锤炼而成，这在世界文化史上独一无二。它不仅是中华民族对全球文明与历史进程的重大献礼，也构成了中华民族区别于其他民族的独特文化标识和种族特性。

反之，缺乏对中国传统文化的认同与理解，个体的民族文化归属感将逐渐淡化，可能导致思想文化的迷茫与失序。因此，对传统文化的客观评价、深入认识与科学继承尤为关键，这是实现“文化自觉”的基石。当前，德育教育的核心在于以正确导向引领，秉持“取其精华，去其糟粕”的原则，重新发掘和肯定传统文化的内在价值，增强文化自信。同时，应开放包容地吸收外来文化精华，融入传统文化与现代德育中，推动其现代转型与创新发展，最终实现“文化自觉”与“文化自信”的宏伟目标。

（三）形成和发挥文化软实力的基本保证

文化软实力是衡量一个国家在全球舞台上影响力、凝聚力和感召力的关键指标，是国家软实力的核心。文化作为国家精神的支柱，承载了民族对世界的独特见解和感受，是民族自我认同和文化自信的基石。对于国家和民族的发展而言，文化软实力具有不可或缺的精神整合功能。它有助于加强民族团结，巩固国家统一，提升文化自信。忽视文化软实力的培育，就等于放弃了对自身文化主权的坚守，可能导致民族价值观的混乱，甚至威胁到国家的稳定与统一。作为一个多民族、历史悠久的国家，我们必须深刻认识到中国传统文化软实力的重要性，并加强其建设，以更好地维护国家统一、促进民族团结，并在全球舞台上展现我们的文化魅力和影响力。

中国传统文化，如同世界其他民族的传统文化，深深植根于本土，充分反映了该民族的思维方式、价值观念和伦理道德。这些文化元素不仅贯穿于人们的生活习惯、风俗和心理特质，更已深深烙印在每个社会成员的心灵深处，塑造了独特的民族性格和社会心理。中国传统文化本身便具有显著的德育教育功能，同时，我国的德育教育也深受五千年传统文化精华的熏陶。为了有效利用中国传统文化的软实力，提升国内外的影响力和凝聚力，我们必须通过思想教育和引导来实现。将中国传统文化与德育教育紧密结合，是增强其文化软实力的重要基石，这既有助于优秀民族文化的传承，也能提升个人道德素质和塑造民族精神，从而在国际上展示中华文化的独特魅力。

（四）探索德育教育新路径的必然选择

德育教育的本质决定了其深厚的文化根基。面对全球化浪潮下多元文化的交融与碰撞，中国传统文化与德育教育的结合，成为当前破解德育教育难题、寻求创新路径、提升教育实效性的必由之路。随着全球化的深入发展，大学生群体的价值观念、思维方式及行为模式均发生了显著变化，这无疑为高校德育教育带来了前所未有的挑战。因此，我们必须积极探索融合中国传统文化的德育教育新模式，以应对这一时代的挑战。

一方面，当前，我国多数高校的德育教育主要依赖课堂教学，然而教学内容常显单调乏味，教学方式偏向于传统学科知识的简单应用，如社会学、心理学等，缺乏深度与广度。这种表面化的教学方法未能充分挖掘和运用中国传统文化的丰富资源，即便有涉及，也往往停留在形式上的融合或简单的说教，未能深入探究其深层次的内涵、历史背景和时代价值。这种做法不仅未能有效促进德育教育目标的实现，反而可能在一定程度上削弱学生的民族自信心和自豪感，限制了中国传统文化在德育教育中的实际应用价值，进而影响了德育教育的整体效果。

另一方面，在全球化背景下，多元文化交流日益频繁，这不可避免地对大学生的生活态度、思想观念产生深远影响。然而，许多学生既未能深入理解外来文化的核心，又未能深刻把握中国传统文化的精髓，导致在多元文化碰撞中，他们的价值观易走向极端。在学习上，很多大学生过度追求实用性强的课程，相对忽视精神层面的培养，对德育教育缺乏重视；在生活上，很多大学生更倾向于追求物质利益；在精神上，相当一部分大学生过于以自我为中心，缺乏集体意识和对共产主义理想的追求，缺乏对人生目标、道德品质与人格修养的深入思考。传统的德育教育模式，以说教和灌输为主，难以有效应对这些新问题。同时，由于大学生对中国传统文化的了解有限，其中的优秀元素难以在德育教育中发挥应有的作用。

因此，要充分利用中国传统文化在高校德育教育中的价值，克服当前德育教育面临的挑战，我们必须培养高度的文化自觉，积极探寻将中国传统文化与德育教育有效融合的创新机制。

二、中国传统文化与德育教育相融合的可能性

中国传统文化与德育教育在教育的核心目标上不谋而合，均聚焦于个人的思想道德修养提升，且最终目标均蕴含政治导向性，彰显了目标上的高度一致。此外，它们在教育内容上多有交集与共鸣，共享诸多价值观与道德训诫。而教育方式方法上的差异，非但未构成障碍，反而促进了两者的互补与协同，为双方的深度融合提供了有利的前提条件。

（一）价值观的契合之处

社会主义核心价值观作为社会主义核心价值体系的核心，其主要内容可概括为：提倡国家层面的富强、民主、文明、和谐；倡导社会层面的自由、平等、公正、法治；倡导个人层面的爱国、敬业、诚信、友善。深入培养社会主义核心价值观是促进中国传统学问与道德教育相结合的关键要素之一。

其中，富强、民主、文明与和谐构成了我国社会主义初级阶段追求的目标，反映出核心价值观在国家发展愿景上的导向。自由、平等、公正与法治，则彰显了核心价值观在社会价值取向上的基本原则，侧重于社会层面，体现了社会主义的本质特征，一直是国家与政党坚守的核心理念。至于爱国、敬业、诚信及友善，它们界定了社会主义核心价值观在个人道德行为上的标准，专注于公民个人层面，展现了社会主义价值观的核心诉求及个人品德的根本属性。

社会主义核心价值观的三层内涵为我国道德教育确立了清晰导向，强调道德教育理念需进行全面革新，树立“人本为中心”的教育观念。具体到实践操作中，这意味着道德教育需围绕个人成长的实际需求展开，确保教育内容深入贯彻社会主义核心价值观的核心要义。同时，教育方式上应重视学生的个性化差异，采用灵活多样的策略，并有效融合隐蔽式教育的优势渠道，以促进更加深刻而全面的价值观内化过程。

而中国传统文化，历经五千多年的积淀，凝聚了中华民族独特的民族特质和文化风貌，是中华文明的瑰宝。其深厚的底蕴和广泛的内涵，如崇德善仁、贵和持中、进取包容、谦敬礼让、忠公重义、求真务实等价值观念，构成了我国现阶段社会主义核心价值观的重要思想源泉和动力支撑。

可以说，中国传统文化所蕴含的价值观念与当前德育教育倡导的社会主义核心价值观有许多共通之处，这为两者的融合提供了重要的基础。然而，我们也需要认识到，并非所有传统文化中的价值观念都完全适用于当前德育教育环境，因此需要采取批判性继承的态度，有选择地传递积极、正能量的价值观。

（二）目标的一致之处

我国德育教育的核心目标在于提升个体的思想道德素质，推动人全面而自由地发展，并激励人们为构建中国特色社会主义和最终实现共产主义的伟大目标而努力奋斗。

这一根本目的涵盖两个关键方面。一是内在目的，即提升个体的思想道德素质，包括培养崇高的理想、优良的品德、强烈的事业心、责任感、坚韧的毅力以及严格的纪律等；二是终极目的，即促进人的自由全面发展。这两方面共同构成了德育教育的核心，明确指引着德育教育的共产主义方向，是其灵魂和旗帜。

而中国传统文化以崇德尚贤为核心，显著特征在于其伦理道德导向的德育理念。伦理道德学说在传统思想文化中占据核心地位，其道德精神尤为突出，这也是中国素来被誉为“礼仪之邦”的重要原因之一。

首先，儒家经典《大学》开篇即强调了思想教育的核心理念，指出：“大学之道，旨在彰显人的明德，引导人们自我革新，追求至善之境。”这清晰地表明，思想教育的目标在于弘扬崇高的道德，激励人们自我净化、不断进步，最终臻至完美的道德境界。

其次，中国传统文化对理想人格的追求尤为显著。根据儒家经典《论语》的划分，理想人格可归结为三个层次。第一是圣人，这一层次代表着道德圆满的统治者，即内圣外王的典范，是中国传统文化中理想人格的最高境界；第二是君子，他们自觉追求并践行美好道德，构成了理想人格的核心；第三是士或成人，他们恪守礼仪规范，注重个人尊严，是理想人格的基本标准。这种对理想人格的追求，深刻体现了中国传统文化对个体道德品质的高度期望和全面要求。

由此可见，我国德育教育与中国传统文化在育人目标上均聚焦于人的思想道德素质。两者均将提升人的思想道德素质置于核心地位，强调对美好道德品质的培养与提升，这充分展现了它们在育人目标上的一致性。

此外，我国德育教育的方向明确指向共产主义，旨在通过提升人们的思想道德素质与促进人的全面发展，激发人们投身于中国特色社会主义建设，为共产主义理想奋斗。这凸显了德育教育的政治属性。同样，中国传统文化也着重于培养个体与家族、国家、社会的和谐关系，其核心理念“修身、齐家、治国、平天下”最终也回归至“治国、平天下”的政治目标。因此，无论是德育教育还是中国传统文化，其教育目标的最终指向都体现了政治属性，这进一步印证了两者在目标指向属性上的一致性。

三、内容的相通之处

从中国传统文化和德育教育各自所包含的内容来看，也存在着许多相通相合之处，二者之所以能相融合，与两者之间存在着的这种相通相合之处有着密切关系。

首先，中国传统文化中的“大同思想”与德育教育中的理想教育存在紧密的契合点。理想教育以共产主义理想为核心，描绘了一个无私有制、无阶级、无国家的理想社会，其中财产社会公有，人人平等，每个人都能尽其所能、取其所需，人性得以充分发展。

而在中国古代文化中，早在《诗经》这一诗歌经典中，人们就表达了对于公平与幸福社会的向往，憧憬着“乐土”“乐国”和“乐郊”。而《春秋公羊传》则提出了“衰乱世”“升平世”和“太平世”的三世变迁理念。孔子在《礼运·礼记》中更是为我们描绘了一个理想的大同世界，其中人人平等，和谐共处，每个人都能充分发挥其才能，物品也能得到合理利用，个人与社会和谐统一。这种“大同理想”与德育教育中的共产主义理想有着诸多相通之处，使得中国的先进知识分子能够更容易地理解和接受这一伟大理想，进而推动了其在中国的传播与接受。

其次，中国传统文化中蕴含的朴素唯物辩证思维，与德育教育中关于科学世界观的教育有着共通点，特别是在辩证唯物主义和历史唯物主义方面。在德育实践中，世界观的教育涵盖了对辩证唯物主义和历史唯物主义的深入理解和探索。

辩证唯物主义强调世界的物质本原性，并将辩证法作为其基础研究方法。其核心理念在于揭示对立统一、质量互变以及否定之否定的普遍规律。该理论坚持人类社会发展的历史辩证法视角，认为社会形态经历着由简单到复杂、由低级到高级的演进过程，展现出螺旋式上升和波浪式前进的动态趋势。

历史唯物主义深入分析了人类社会的演变，指出经济因素是推动人类社会发展的根本动力。它强调社会存在对社会意识的决定性影响，并突出了人类实践在推动社会进步中的重要作用。

而中国传统文化中则一直强调“经世致用”的理念，即注重从实际的物质生产条件和民众的支持与反对来审视历史的变迁；着重从人民的物质生活状况出发，探讨社会的道德风尚和文明进步。

可以说，中国传统文化与思想道德教育内容之间的相通性，为两者的结合奠定了坚实的基础。这种相通性让德育教育能够在中国传统文化这片肥沃的历史土壤中汲取养分，持续演进并焕发新的活力。

四、教育模式的互补性

德育教育涵盖了多种方法，如理论灌输、实践锻炼、自我教育、榜样示范、比较鉴别和咨询辅导等。其中，理论灌输法作为德育教育的核心方法，对于意识形态教育的重要性不言而喻。然而，过去我国德育教育过于强调其意识形态功能，忽视了文化功能的价值，导致教育方法偏向理论说教和直接灌输。不仅如此，在德育教育的实施过程中，教育工作者往往缺乏针对不同受教育者的具体考量，采取“一刀切”的教育方式，缺乏层次和针对性。这种单向、灌输式的教育模式使得受教育者处于被动接受的位置，难以积极主动地去内化吸收德育内容。这种教育方法不仅显得乏味，也大大降低了德育教育的实效性，难以适应新时代的发展需求。

德育教育因过度关注意识形态，常忽视其文化属性和人文精神。而中国传统文化的教育方式恰好为现代德育教育提供了宝贵的补充。

首先，中国传统文化强调渗透而非直接灌输，它倾向于“以文化人”，使人在文化的熏陶下形成独特的个性品质、思想观念和行为模式，这些一旦形成便深植于人的灵魂深处。

其次，中国传统文化注重内在修养的培养，倡导通过“自省”“内省”和“慎独”等自我反思方式，审视自身思想和行为中的不足，追求达到“知”的境界，并努力向圣人的道德高度靠拢。然而，这种自我修养的最终目的并非仅仅停留在意识层面，而是要将其转化为实际的道德行为，通过实践来体现个人的道德修养。

最后，中国传统文化重视“知行合一”的道德实践，而非空洞的理论说教。这一方法论系统经过长期的历史实践和理论总结，形成了中国传统文化独特的思想道德教育方式。

上述中国传统文化中的教育理念补充了现代德育中可能因过度侧重意识形态而导致的教育内容单一化、空泛化，以及仅依赖枯燥理论讲授与灌输的问题。诚然，作为具有鲜明意识形态特性的学科，德育教育必然包含理论传授元素，但若过分强调这一方式，而忽视文化熏陶的力量、受教育者自我反思的主动性，以及教育互动中的道德实践，即便加大灌输力度，德育效果也可能不尽如人意，有时甚至适得其反。

因此，当代中国的德育教育应当融合并借鉴传统文化中的渗透式教育、自我内省及“知行合一”等原则，以此丰富现有教育模式，弥补其缺陷。通过这种方式，可激励全社会成员自发且积极地进行自我反省，促进个人思想品德的成长，培养高尚的道德情操，从而增强德育工作的实际成效。

第四章　中华优秀传统文化融入高校德育的整体性设计

在推动中华优秀传统文化的传承与弘扬时，我们应确保其既与现代社会相契合，又与现代文明相协调；既要保持其独特的民族性，又要体现鲜明的时代性。作为新时代中国社会和文化发展的引领者，高校肩负着培养社会主义建设者和接班人的重任。面对多元文化的冲击，高校应主动作为，加强中华优秀传统文化教育。

第一节　中华优秀传统文化教育体系的设计

一、高校中华优秀传统文化教育覆盖大学教育的各个学段

中华优秀传统文化教育必须覆盖大学各教育阶段，高校应依据学生年级层次精心匹配教学内容，实现传统文化教育的连续性。

在高校人才培养全过程中，需融入中华优秀传统文化教育，推动中华优秀传统文化创造性转化和创新性发展，是做好新时代新征程宣传思想文化工作、担负起新的文化使命的应有之义。此外，高校在德育教育实践中，要坚持马克思主义及社会主义道德理念，借鉴古代智慧，融入现代创新，致力于将传统文化教育与高校思政教育紧密结合，开创性地构建思政教育新体系。

在大一阶段，高校应指导学生着重学习优秀传统文化的基本内容，着重培养学生对中华文化的热爱之情。进入大二，高校的德育教育实践重心应转向提高感知能力，通过丰富多彩的活动使学生深切体会中华文化的魅力。到大三，高校应着重帮助学生增强理解力，增进学生对中华文化多样性和国家文化根基

的认识，提升文化认同。随后的学习阶段，高校要鼓励学生从更深层次理解文化精髓，树立文化自信，并通过提升自主研究能力，激发创新思维，培养他们对传承弘扬中华文化的自觉意识与责任感。

二、编制完善科学的高校优秀传统文化教材体系

当前，高校在优秀传统文化教学方面面临的挑战之一是高质量教材的稀缺及内容质量参差不齐。许多选修课依赖教师自制讲义，缺乏统一规范的教材支持，这限制了传统文化教育的有效推广。因此，有必要组织国内一些传统文化方面的专家、学者，编写高校优秀传统文化课程所需的教材。

编写高校优秀传统文化教材应坚持以下几个原则。

第一，所编教材原则是确保与高校教育方针相契合。我国高等教育致力于培养具备德、智、体、美、劳全面发展的社会主义建设者和接班人，因此，教材编写必须坚守正确的政治方向，以立德树人为核心，构建符合这一目标的优秀传统文化教材体系。

优秀传统文化教材大致涵盖三类核心模块：首先，为文本材料，涵盖文学、历史、学术及宗教文献等，强调通过反复诵读来深入理解其文化意涵与深层思想，这是传统文化教学的基石；其次，为知识性内容，涉及古代风俗、制度、日常生活知识等，这部分学习不严格要求文本阅读，学生可通过多元化渠道，如视听媒体，了解历史人物与思想；最后，是技艺实践类，诸如舞蹈、书法、茶道等，侧重于实际操作与师徒式的传授，纯熟背诵无法替代技艺的习得，需在实践中领悟精妙。

第二，高品质的高校传统文化教材应当不仅传达传统文化的精髓、知识、道德准则及价值观，还须确保内容紧贴实用、科学且契合现代脉搏，与大学生的日常生活及思想动态紧密相连，增强其现实意义。

第三，在教材编纂过程中，高校需充分考虑学生的认知水平，基于广泛传播的中华优秀传统文化基础知识，着重于大学生根基素养的建构与提升。这意味着教材内容设计需适度，要避免过度深入和细化以至于超出学生即时理解范畴，同时应注意拓宽覆盖面，以免因视野局限而妨碍学生对传统文化全面而系

统的把握。

第四，在编制优秀传统文化材料时，要注意将综合与专题性相结合，以便将其更好地融入高校德育实践过程中，这就需要将教学材料分为两部分：第一部分对优秀传统文化进行全面展示，其内容要广泛；第二部分为专项教育，主要针对各类优秀传统文化进行研究，其研究范围窄而深入。在编写中华优秀传统文化教科书时，要注意对教科书的内容进行全面的选取，不要让学生只见树木不见森林。编写体现中华传统文化发展脉络的教科书，使其对中国的优秀传统文化有一个全面的了解，而不会陷于零散的主题之中。只有在对优秀传统文化的内容有一个总体的认识之后，才能进行具体的教学。在全面的优秀传统文化课程中，可以采用强制性的教学方式，并纳入学生的学习成绩中；主题文化教育可以根据各学科的特点，有针对性地进行，采用选择性学习方式。此外，还可以结合学校的职业设定，编制优秀传统文化教科书中的专题文化，着重强调符合专业方向的主题，把专业与优秀传统文化的内容相结合。

三、开设中华优秀传统文化必修课程和选修课程

近年来，伴随高等教育的深化、国家实力提升及国际影响力增强，中华优秀传统文化的全球传播加速，在高校和社会广泛兴起了弘扬优秀传统文化的热潮。鉴于传统文化教学方法多元且无固定模板，课程数量、内容深浅与广度各异，存在一定的讨论空间。

当前，我国高校在传统文化教育上主要推行通识教育和精英教育两种形式。通识教育层面，多数学校已引入中华优秀传统文化选修课，并配套出版系列教材与专著；部分学校尝试设立了全校范围的公共必修课程，后调整为选修；另有学校开设了通识性质的传统文化课程。精英教育方面，部分高校创立了人文实验班，专门招收国学本科生；有的领头创办国学实验班；还有的高校成立了国学院，推行本硕连读的国学教育项目。这些措施有力驱动了高校传统文化教育进程，积累了丰富经验，成效显著。

（一）开设中华优秀传统文化必修课程

开设中华优秀传统文化必修课程旨在多方面促进大学生的全面发展。首

先，这有助于塑造大学生的文明思想与行为，丰富其精神生活；其次，课程鼓励大学生在继承中发展、在创新中传承中华优秀传统文化，激发文化生命力；再次，能够弘扬中华文化和民族精神，强化民族自信与自豪感，构建共同的精神家园；从次，通过课程学习，大学生能更加坚定对中华文化价值的认同，明确自己作为文化传承者的历史使命，勇于担当和实践；最后，有助于提升大学生的科学文化素养和思想道德品质，为他们的全面发展奠定坚实基础。

高等学校需深化大学生中华优秀传统文化教育内容，合理增扩课程门类与学时，设计全新的课程体系以强化此领域教学。一方面，针对文学院系及国学相关专业的学生，核心课程如“高等语文”“古典汉语研读”“现代汉语解析”及“国学导论”应设为专业必修，为学生奠定坚实基础；另一方面，面向非专业学生群体，可将“中华传统文化基础”“中国经典文化选读”“传统文化概览”及“中国文化导论”设置为公共必修课程，向学生普及传统文化知识。至于“东西方文化对比”“传统文化专题研讨”“中国传统文化系列讲座”及原典研习类课程，则适宜定位为专业选修课程或公共选修课程，以满足不同学生的兴趣与深造需求。

（二）增设中华优秀传统文化选修课程

选修课程建设是深化普通高校课程改革的重点。高校在德育教育实践中面临的挑战在于，如何通过中华优秀传统文化选修课程平衡各专业学科特性与学生个人兴趣，高效地开发并设计出既贴合实际又能提升学生传统文化修养的选修课程。此外，选修课程体系跨越国家层面、地域特色及学校自定内容，需构筑层次分明、逻辑清晰的课程框架。在此过程中，核心问题在于如何确保国家课程目标导向性的同时，促进地域课程与校本课程的个性化创新，实现优秀传统文化教育的选修课程有效开发与设计，这是当前亟须应对的难题。

1.高校中华优秀传统文化选修课程存在的主要问题

（1）活动场地和环境不能满足选修课程的需求。鉴于选修课程的灵活性与学生选课的随机性，部分学校难以预先配备充足的、符合特定课程需求的场地与设施。例如，茶文化与茶艺实践课程要求展示多种茶类及其历史演变，这通常需要配备专门的茶艺室、齐全的茶具等，以便学生获得直观而深入的学习体验。

（2）没有配套的传统文化教学基地。选修课程内容若涉及丰富的传统文化知识，如昆曲、京剧、相声和剪纸等，缺乏相应的实践基地或工作室将难以实现最佳教学成效。

（3）选修课程和每门课程的人数设定与学生的需求不适应。部分热门选修课程因接纳学生人数受限，导致有兴趣的学生无法选择，被迫转向其他不太感兴趣的课程，从而影响学生后续学习的动力与热情。

2. 开设中华优秀传统文化选修课程的实施过程

利用地域特色开设选修课，促进非遗文化的有效传承。在规划选修课程时，学校应考虑融合本地文化优势，特别是与非物质文化遗产传承人合作。以潍坊为例，这座城市坐拥诸如潍坊风筝、木版年画等多样化的非遗项目，这些不仅是地域文化的瑰宝，也承载着深厚的历史积淀。为此，当地教育机构可设立专注于潍坊特色传统文化的选修课程，同时创办非遗教育实践基地和工作室，通过这些平台传递和保护这些珍贵的文化遗产。

有目的地构建专业选修课教学团队。高校应依据地区文化特点、校内教师资源及学生实际水平，精心挑选对特定领域有兴趣及一定专业基础的教师，来担任长期设置的选修课程教学任务。学校需系统性组织专业发展培训，旨在培育一支校内精通选修课程教学的教师队伍，确保课程教学质量的持续提升。

在教学过程中，一是尽量把学生自主学习的内容与本校的专业进行有机融合，把自主学习的内容与本地的企业实践活动相结合；二是要把高校的选修课和学校的社团联系在一起，在设置选修课时要注意培养学生的人文素养。

高校要对所选课程进行科学规划，并对所选课程进行适当的分配。针对不同类型的学生设置不同的选修课，必须事先调查了解学生的选择意愿。对于同一门课，如果感兴趣的学生数量多，可适当增大课堂容量，也可以同时开设几个班，每个班都有一个以上的老师。对于选修人数不多的课程，可适当减少教师数量设置。

构建科学的评估体系。为了激发所有教师对选修课的兴趣，学校要制定一套科学的评价体系，将教师的授课效果等因素都列入对教师的评价之中，而且，在评选模式时要有一定的政策支持。选修课是在专业教学工作以外的一种负担，尽管选课的时间不长，但要在备课和寻找有关的材料上耗费大量的时间，鉴于此，高校要对教师的努力予以充分的认可，对开设选修课的教师给予一定的课时补贴，以此来激发他们的热情。

3. 开设优秀传统文化选修课程应该注意的问题

在中华优秀传统文化选修课的开发与设计上，高校应当突出时代性，不仅要满足大学教学目标的要求，还要与学生的生活实际相结合，在学生的人生经历和原有的知识储备基础上，才能体现出针对性，把中华优秀传统文化教育真正地落实下来。

在中华优秀传统文化选修课的教学过程中，既要注重知识，又要注重兴趣。将更多的历史故事和传统文化中的典故、历史故事等内容融入选修课中，提高学生的学习兴趣，使他们在愉快的氛围中了解传统的文化，慢慢对中华优秀传统文化产生热爱。中华优秀传统文化中的许多典故，都是在漫长的社会生活中积累下来的，与实际的生活息息相关，具有很强的教学价值，恰当地使用典故，往往可以让学生在不知不觉之中获得知识，在快乐之中获得文化，在研究之中增长自己的智力。此外，所选用的典故资料要典型，生动有趣，并且要有深刻的文化底蕴和丰厚的含义，使学生更加贴近他们的学习热情，让他们乐于参加，更有助于发展他们的探究精神和能力，提升他们的文化品味。

高校通过设置各种内容与中华优秀传统文化相关的课程，能让学生系统地、深入地学习中华优秀传统文化的一些内容，提高他们对中华优秀传统文化的认识，扩大他们对传统文化的了解。

四、积极开展校园传统文化活动

优秀传统文化是民族精神与道德理念的瑰宝，对新时代青少年道德建设至关重要。特别是在市场经济环境中，对大学生进行正确的世界观、人生观、价值观及理想信念教育至关重要。当前，“唐宋诗词热”“国学热”等现象虽然展现了传承传统文化的热情，但也引发了对于其深入理解和实质性传承的思考。优秀传统文化与高等教育的融合，不应仅限于课堂传授，更需要通过丰富多样的校园传统文化活动来实践。因此，积极开展校园传统文化活动，成为促进两者融合的重要途径。

（一）建立优秀传统文化传承基地

作为弘扬中华优秀传统文化的平台，优秀的传统文化教育中心正逐渐成为深化挖掘民族文化精髓、焕发传统文化生命力、提升文化认同感与自信心的关键途径。近年来，众多高等院校纷纷尝试将传统文化融入教育体系，依托教育中心的建立，不仅系统性地增设了传统文化课程，并且采用专业化、成体系的教学模式，将传统文化的精髓深植于大学生内心，促进其在青年学子的思想土壤中扎根萌芽。

（二）组织传统节日活动

传统节日习俗富含德育精髓，高校在优秀传统文化教育中应秉持典型性、关联性和创新性原则。通过策划和参与多样的以传统节日为核心的校内外实践活动，旨在实现教学效果优化与优秀传统文化传承的双重目标。

中国传统节日丰富多样，如春节、清明节、中元节和重阳节等传统节日，强调对祖先的虔诚祭祀，彰显了对长辈恩德的铭记与孝道。同时，这些节日中长辈对晚辈的关爱也尤为显著，如春节时长辈给予孩子的“压岁钱”，端午节时涂雄黄、佩香囊等习俗，均体现了对晚辈的呵护与期望。这些习俗深刻体现了中华传统文化中尊老爱幼、敬祖孝先的美德。

春节的舞狮高跷扭秧歌、元宵的走百病、清明的踏青放风筝、端午的龙舟艾蒲雄黄酒、重阳的登高茱萸，以及除夕的除尘送灶等，均深刻体现了中华民族对劳动的热爱和对健康生活的追求，彰显了我们民族活力四溢、积极向上的生活态度。

春节前夕的大扫除、剪窗花、贴福字和挂年画等习俗，不仅展现了中华民族的勤劳与智慧，还通过这些活动传递了自强不息、积极进取的民族精神。

寒食节期间禁燃烟火的传统，以及端午节包粽子、举行龙舟竞渡的习俗，分别纪念忠诚的介子推与伟大的爱国诗人屈原，这些活动不仅缅怀先贤，更深刻地传递和弘扬了爱国主义情怀。

无论是春节的迎春接福、清明的郊游踏青，还是端午的龙舟竞技、七夕的观星乞巧、中秋的赏月团圆和重阳的登高祈福，这些节庆习惯无不寄托了人们对于幸福生活的期盼与祈愿，展现了中华民族崇尚和谐、热爱和平的文化底蕴。

显然，中国丰富多彩的传统节日习俗蕴含着深远的道德教育意义，它们与高校的思想政治教育目标不谋而合。这为大学生在参与节日庆典的同时，将中华优秀传统文化的学习与高校思想政治课程的实践教学相结合，创造了得天独厚的条件。

（三）开展校内优秀传统文化教育实践活动

孟子曾说："天将降大任于斯人也，必先苦其心志，劳其筋骨，饿其体肤，空乏其身。"此言强调了坚韧意志与强健体魄对于担当大任的重要性，指出了实践对于成功不可或缺的价值。中华优秀传统文化对提升青年精神境界、培育高尚品德极为关键。因此，高校亟须推进传统文化教育的实践活动，构建多元的活动框架，引导学生在亲身体验中吸收传统文化精髓，实现自我文化修养的实践性成长。这不仅有助于他们寻得生命的价值定位，还能更明晰地规划未来，有力地迈向人生目标。

校内实践是深化学生传统文化认识的关键步骤，是将理论知识转化为内在体验的重要渠道。以下是几种普及的活动方案。

1. 建设文学氛围浓厚的校园环境

依托图书馆资源与阅读兴趣小组，系统性地引导学生探索经典文化遗产，挑选有益读物，以此强化文化根基，激发阅读热情。

2. 推出文化研讨系列或传统主题讲座

邀请校内外的优秀教育者、业界权威人士以及民间艺术大师，利用他们的专业知识与影响力，通过系列讲座传播文化智慧，发挥其教育启迪作用。

3. 设立多元化文化知识竞赛单元

比如国学知识挑战赛、灯谜竞猜、古典文学朗诵大赛、棋艺对弈以及传统文化主题征文活动，借由竞技激发学生对传统文化的兴趣与感知。

4. 举办特色文化展览与演出

诸如民族音乐演奏晚会、汉服文化展示、书画艺术展览等，通过直观的音乐、服装、书画艺术让学生全方位感知中华优秀传统文化的博大精深和多样性的呈现。

（四）开展校外优秀传统文化教育实践活动

鉴于校内活动的局限性，高校要带领学生将传统文化习俗的深入理解与体验活动延伸到校外。通过组织各类校外实践活动，让学生在真实生活场景中深刻感受传统文化的魅力，活动形式应多样且富有创意。下面列举几例供组织活动时参考。

1. 拍摄短视频或照片

春节作为中华民族最重要的传统节日，蕴含着丰富的文化内涵和历史传承。节日期间，全国各地都会举办各类庆祝活动，营造出浓厚的喜庆氛围。这些活动不仅体现了除旧布新、迎接新年的主题，也蕴含了丰富的民俗风情和地域特色。组织学生拍摄记录春节庆典和民俗风情的短视频或照片，结合解说词，可以让学生更直观地感受“中国节”的独特魅力和“民俗情”的深厚底蕴，从而深化学生对传统文化的理解和感悟。

2. 组织春游和踏青

清明节不仅是纪念祖先的重要节日，更是传承孝道、凝聚家族情感的时刻。在这一天，人们会扫墓祭祖，缅怀先人，同时也有踏青郊游的传统。虽然地域文化差异使得清明节的习俗有所不同，但扫墓和踏青始终是核心活动。组织清明节春游和踏青活动，不仅可以让学生亲近自然，体验生态之美，还能在参与中深化对孝道亲情的理解，培养与自然和谐共处的意识。

3. 民风民俗调查

民风民俗作为特定社会文化区域的独特标识，反映了不同地域和民族的行为规范和文化特色。为了让学生深入体验并理解这些丰富多彩的传统文化，高校可以组织大学生进行民风民俗调查。调查形式灵活多样，可以组队或独立进行，选择学生熟悉的家庭所在地作为调研点，鼓励学生通过访谈、观察和问卷调查等方式，深入探究习俗的内容、起源、发展、意义以及传承方式，并撰写详尽的调查报告。这种活动不仅有助于学生加深对当地民俗的了解，还能增强团队协作能力，促进人际关系的和谐发展，进而有利于他们进入职场后构建更加和谐的社会关系。

4.志愿服务实践

将优秀传统文化融入周末及假期，通过组建班级或学院志愿服务团队，在重要时间节点进行社会服务活动。例如，探访养老院赠送传统美食、表演娱乐、共读交流，或是前往儿童福利机构辅导学习、共享国学故事与实践，以此促进对弱势群体的关爱。此类服务不仅弘扬了尊老爱幼的传统美德，还加强了大学生的历史使命感、社会责任感及公民道德观念，为他们深入领会与践行社会主义核心价值观奠定了坚实基础。

（五）中华传统文化网络实践

在传统文化的传播与教育领域，过往常常采取单一方向的信息传输模式。然而在今天，网络环境的核心优势在于其互动性，其中每个参与者既是信息的接收者，也是内容的创造者与分享者，这为更丰富多样的传统文化传播与传承方式的出现创造了机会。这一变革性的互动模式，让个体在网络空间中既汲取知识与灵感，又发扬并传播了文化，极大地增强了文化传播的影响力与深度渗透。高校应积极利用互联网的广阔舞台，通过校园网络、微博、QQ群组、微信公众号、抖音短视频、校园论坛及电子邮件等多种数字平台，广泛宣传中华优秀传统文化的精髓与发展历程，对大学生施以无形而深刻的文化熏陶。当前，网络上已涌现大量专注于传统文化的站点，涵盖了儒家、道家、佛家等各大流派，这些网站内容翔实、资源丰富，便于检索利用。因此，教育机构需巧妙融合多种宣传策略，贴近大学生的兴趣偏好，运用他们喜爱的形式与渠道，在虚拟世界生动展现中国传统文化，使文化传承变得直观且引人入胜，有效达成寓教于乐的教育目标。

在推进传统文化教育数字化的进程中，教育管理部门应积极担当组织者与引领者的角色，主动整合社会各界资源，构建一个标准化、系统化且科学化的信息资源库，为传承与弘扬优秀传统文化奠定坚实基础。同时，宣传工作需紧跟时代脉搏，敏锐捕捉时机，主动且创造性地挖掘大学生感兴趣的传统文化内容，确保其能够深切地感受到中华优秀传统文化的熏陶与影响。

此外，高校应充分利用社会媒体平台、学校官方网站及官方社交媒体账号等渠道，广泛传播中华优秀传统文化。这种传播方式凭借其高度针对性、即时互动性和内容丰富性，如同播撒文化的火种，星星之火，可以燎原，极大地促进了优秀传统文化的传播效率与影响力，实现传承工作的高效与深化。

第二节　传统文化教育的关键环节设计

一、挖掘优秀传统文化资源，增强大学生对传统文化的认同

高校应积极探寻并激活高校思想政治教育内蕴的传统文化资产，这意味着需依据高校道德教育的宏观目标及思想政治学科的总体要求，紧密跟随学校专业发展趋势与学科发展方向，进行有的放矢的精练与深层次开掘，以期最大化传统文化教育资源的价值与效用。

（一）开发中国古代传统文化精神资源

高校在开发中国古代传统文化资源时，关键在于对中华传统文化内容和精神的全面认知。鉴于大学生对传统文化的认知差异，高校应重视从精神层面挖掘传统文化资源显得尤为关键。

在中华传统文化中，诸子百家思想的精髓深受人们认同。其卓越精神内核包括人本主义精神、务实理性态度和辩证思维方式。儒家强调“人本思想”，认为人民是国家之本，提倡每个人都能成为尧、舜这样的贤人，并主张关注现实人事而非鬼神。佛家则强调人的内在能动性，认为福报和命运皆由自己掌握，鼓励人们从内心寻找幸福和成功。这些思想共同构成了中华文化的独特魅力。

中华传统文化显著体现了实用主义的精神，其中所蕴含的君子品质、修身典范、行为准则和人生态度，为现代大学生提供了思想道德修养的宝贵参考，是实现全面德育和个人发展的基石。此外，中华文化的理性精神经过演变，发展为辩证的思维方式，强调用联系和发展的视角审视问题，从变化中洞察事物的本质，为解决问题提供深刻洞察。高校在推进优秀传统文化教育时，应深入挖掘并传承这种理性精神，引导大学生在实际生活中运用并受益。

高校应借助探索古代文化遗产中的思想与精神资源，帮助大学生培养坚韧

不拔的责任感与谦逊如水的美德，以此促进他们树立自我提升、和谐家庭、贡献社会、胸怀天下的行为理念，同时，培养他们保持积极、宽容与平和的生活态度。

（二）开发校园红色革命传统文化资源

作为中国先进文化的重要组成部分，红色革命传统文化蕴含深厚的情感共鸣力与教育价值。为了充分发挥其潜力，高校应将这些宝贵的红色文化资产转变为高质量的思想政治教育内容。加强高校红色文化教育实践基地的建设和应用，旨在优化红色文化资源的教育效能，确保其在培养学生传承中华优秀传统文化过程中发挥核心作用，这是当前高等教育不可忽视的重点任务。

高校应在校园内开展红色革命传统文化教育，红色歌曲与红色故事充当了情感熏陶和性格培育的载体，它们不仅影响个体的情感世界，还体现在个人的气质风范及日常行为中，引导学生们在生活中追求真理、善良与美好。因此，在教学过程中应传承红色文化、红色基因、红色精神。

学校可于图书馆内设立红色文化专属学习专区，创设“红色读书角”，并构建线上红色文化资源库，供学生便捷获取红色历史资料。高校还可以组织富含红色文化元素的校园活动，增加对学生学习红色文化的吸引力。利用校园广播平台，播放红色音乐，讲述红色故事，以此加深红色文化在思政教育中的情感影响力。精选红色文化读物、影像及图片资料推荐给学生，实施体验式教育策略，包含放映历史影片、组织情境剧演绎等，让学生亲身感受红色革命历程，培养他们坚韧乐观的品质。

高校应致力于优化校园红色主题网站，构建一个线上红色教育资源中心，并有效运用社交媒体平台，建立红色文化交流社区，促进学生们在互动讨论中领略红色革命传统的内涵与魅力。

（三）开发本土地方特色文化资源

各地域蕴藏丰富多样的自然遗产、社会风俗和人文传统，高校应当积极树立文化资源保护与开发的意识，致力于探索并高效运用这些本土化特色资源。在开发过程中，高校应依据不同题材与文化形态进行甄选，如围绕历史名人、民俗习惯、民族特色及商业传统等设立专题，具体形式可涵盖民俗实践、民间艺术表演、传统节庆庆典、手工艺品制作等。

二、创新教育形式，拓宽中华优秀传统文化教育途径

将中华优秀传统文化融入大学生的日常课程体系中，强调教育阵地的重要性，意味着高校要将其作为大学生思想政治培育的关键组成部分。这包括将传统文化内容有机整合到公共基础课程、通识教育及专业课程中，高校要通过科学规划，系统地将传统文化教育纳入教学大纲，确保教学的严谨性与深度，防止教育的肤浅化和娱乐倾向。在理论教学中，高校教师应适度穿插古代先贤的鲜活案例，引导学生学习先贤们的智慧与文化精髓，利用这些实例作为辅助，为理论知识的教学增添活力与深度，促进学生更好地吸收理论知识，加深理解。

高校应注重传统文化的标志性时刻教育，开展系列中华优秀传统文化专题研讨，提升教育效果。组织内容丰富、情感共鸣的专题讲座，这些讲座不仅主题突出、蕴含深厚，还实现了理论与实践的结合，以及历史与现实的交汇，还能拓宽学生的认知视野，激发其探索欲望和学习热情。学校还可借力节庆、纪念日、文化史上的转折点或关键人物的纪念活动等时间节点，邀请校内校外的专家学者及民间艺术大师，来校举办中华优秀传统文化的专题演讲或增设选修课程。通过这些丰富多彩的文化思想教育资源，启发、引导并触动学生心灵，促使中华优秀传统文化的精髓深入人心。

在传统文化教育中，重视保留其地域特征和民族特色至关重要。在教育实践中，高校应紧密贴合高校所处地域的独特性和学校自身特色，将传统文化教育有机融入当地文化血脉之中，从而加深学生的兴趣并增强传统文化的魅力。

高校还要以实践性的方式进行中华民族的优良传统文化的传承与发展。中华优秀传统文化是一种很好的德育材料，我们要从实践的角度来看，继续拓展中华优秀传统教育的内容与范围，把中华优秀传统教育的成果进一步巩固和加深。在教学实践上，高校应将公共课程与选修课课程相结合，通过“国学经典诵读”、“国学知识辩论”、“古诗词朗诵比赛”、以中华优秀传统文化为主题演讲等一批实践性教育项目，提高中华优秀传统文化的有效性。充分利用学校

“戏剧社”“围棋社”“汉服社”等带有鲜明传统文化特征的学校社团，在学校开设“中华文化”栏目、“中华优秀传统文化讲座”、“中华优秀传统文化节”等多种形式，将学校的传统文化建设成为教师和学生们的心灵之家。学校可以创建中华的传统文化教育基地，或者与当地相关部门合作，共同建设中华优秀传统文化的实习基地，并定期组织学生到学校的传统文化教育基地进行实习，将学校的理论课程与中华的优秀传统文化进行有机的整合，加强爱国、共产主义等教育，让中华优秀传统文化成为不变的基因融合在大学生的血液中。

三、占领网络高地，完善中华优秀传统文化教育网络平台

随着科技的进步，特别是信息技术的飞跃，大学生的生活方式、信息获取手段历经剧变，智能手机成为他们学习、社交与娱乐不可或缺的工具，信息获取呈现前所未有的丰富性和即时性。然而，网络空间的开放性也使得学生们面临信息过载及多元价值观的挑战，西方意识形态及其他不良观念竞相在网络平台上争夺关注，这对大学生正确理解与认同中华优秀传统文化价值体系构成了干扰。

高等教育机构需充分把握网络的传播力，创新传承与发展中华优秀传统文化的方式，确保正面而深刻的文化内容在高校网络平台上占据主导，树立正向舆论导向。通过构建高质量的在线教育平台，不仅传播中华文化的精髓，也引导学生在纷繁复杂的网络环境中坚定文化自信，弘扬主流文化声音。

（一）打造大学生网络知识竞赛平台

这种平台设计旨在以创意十足、引人入胜的题目形式激发学生兴趣，确保竞赛内容多样化，涵盖知识问答、快速抢答、才艺展示及多媒体互动等环节。利用新媒体技术，巧妙融合传统文化精髓与现代表达手法，有效吸引大学生积极参与到传承与弘扬民族文化活动中来。

（二）通过网络才艺展示弘扬中华优秀传统文化

在普及中华传统文化给大学生的过程中，高校教育者可以巧妙利用网络这一现代媒介，举办网络传统才艺展示活动，以此宣传并展示中华传统文化的独特魅力。通过器乐演奏、声乐演唱、舞蹈表演、武术展示以及小品、相声、

话剧等多元化的艺术形式，将具有深厚民族底蕴的传统文化和技艺呈现在学生面前。这种创新的推广方式，不仅能够有效提升大学生对传统文化的兴趣和认知，还能进一步推动和弘扬中华民族艺术的传承与发展。

（三）通过网络传统文化作品展示提升艺术修养

高校应利用网络平台，通过传统文化作品展示大赛的形式，向大学生广泛宣传和推广中华传统文化中的手工艺制作文化及其他民族艺术。展示的作品可以涵盖剪纸、书法、雕刻、绘画、编织、刺绣、陶铸、瓷器等多种民族传统技艺和手工艺作品。此外，高校还应定期在校园内举办网络民族手工艺作品展览，让大学生能够近距离感受中华传统民族艺术的独特魅力，从而深化他们的艺术修养和文化认知。

中华优秀传统文化作为中国先进文化的重要基石，对大学生的思想道德、理想信念以及社会主义核心价值观的塑造具有不可替代的作用。高校应深刻认识到这一点，并积极探索将中华优秀传统文化融入思想政治教育中的有效途径。通过文化的力量，对学生进行深入的教育与引导，确保思想政治教育工作真正落到实处，为学生全面发展奠定坚实的文化基础。

第五章　中华优秀传统文化与德育教育相融合的原则与路径

第一节　中华优秀传统文化与德育教育相融合的路径

一、将中华优秀传统文化纳入德育教育范畴

高校应将中华优秀传统文化融入高校教育体系，并将其作为德育教育的核心内容。通过设立相关课程，如《周易》《诗经》《楚辞》研读等，来深化学生对中国古典文化精粹及其当代意义的理解。此举意在借助传统文化的滋养，促进学生思想品德与文化修养的双重提升，服务于德育的总体目标。教育的目标在于培育学识与文化底蕴兼备的高素质人才。

二、在全社会营造良好的中国传统文化氛围

历史经验告诉我们，任何民族在其发展历程中都必须珍视并弘扬自身的传统文化。若一个国家或民族摒弃了自身的传统文化，便如同失去了文化的根基和灵魂，难以明确前进的方向。党的二十大报告深刻指出：“推进文化自信自强、铸就社会主义文化新辉煌。”社会文化环境是影响人思想面貌、价值取向以及德育教育内容和方式的重要因素。德育教育的成功离不开社会大环境的支持和帮助。因此，营造全社会重视并发展传统文化的良好氛围至关重要。这不仅是时代赋予我们的使命，更是全社会的共同责任。我们应汲取历史的智慧，客观审视中国传统文化，取其精华去其糟粕，为传统文化与德育教育的融合创造有利的社会环境。社会各界正在探索更多元化的途径来传播中华优秀传统文

化，比如在日常生活场所，包括学校、工作场所、交通枢纽等，普遍都布置了大量中华传统文化元素，如展示标语、图片及艺术作品，使公众在不经意间接触和欣赏到中华文化的独特韵味，实现文化的自然渗透与教育。很多媒体通过设立专栏和专刊，深入探讨并广泛传播中国传统文化，组织传统文化研讨活动，强化宣传力度，展现其独特魅力，为大众创造了积极的利于传播中华优秀传统文化的舆论环境。同时，文艺界、娱乐界正在不断诞生优秀的文艺作品、影视作品等，通过创作和演出以弘扬传统文化为主题的艺术作品，将传统文化融入影视、文学等多元领域，以培养公众对传统文化的兴趣和爱好，并普及相关知识。此外，很多社会团体、公共部门纷纷开放相关资源，使更多人有机会走进历史文化场所，亲身体验传统文化的魅力。全社会已经形成了尊重、重视中国传统文化的氛围，传统文化与德育教育的融合将更加自然和深入，实现二者的有效结合。

三、加强科研与教师队伍建设，提高科研与教学能力

在融合中国传统文化与道德教育实践的过程中，科研与教师队伍的建设至关重要。教师和研究人员需要具备两方面的专业能力：一是对中国传统文化有深厚的理解和研究能力，能够有效地运用中国哲学研究方法来解读传统典籍，以真实地传达古代文化智慧的核心；二是优秀的教师与研究人员对德育教育原理有深入的了解，能够紧跟党的教育方针、政策和路线，确保传统文化研究具有正确的指导方向和立场。通过加强科研与师资建设，更将有效提升教学和研究能力，推动中国传统文化与德育教育的深度融合。

为了强化中国传统文化与德育教育领域的科研与师资力量，高校可邀请多学科领域的权威专家进行定制化的培训或讲座，以增强跨学科研究能力。同时，应增设相关的科研项目，并举办更多的学术研讨交流活动，以促进两学科知识的深度融合。要增加科研项目经费，提高教师与科研工作者的待遇，将有助于提升他们的专业认同感和研究动力。

四、关注社会现实，引入问题意识

理论研究的生命力在于对现实世界的积极回应。在德育教育实践中，高校

需要深入挖掘和阐释中国传统文化中的德育资源，使之能够针对现实社会的热点问题做出有效的回应，从而赋予理论研究更广阔的视野和深切的社会关怀。

因此，将研究视角对准社会现实，通过实证调查来识别和引入问题，进而确定研究的切入点，是中国传统文化与德育教育相融合研究不可或缺的方法。

第二节　高校德育与中华优秀传统文化隐性教育融合的对策

面对传统文化隐性教育的现存挑战，本节着重考察教育者、教育媒介和课程内容这三个关键方面，旨在通过深入分析传统文化与隐性教育的特有结合点，精准破解现有难题。以期构筑一个高效且实用的传统文化隐性教育模式，以期达到优化教育效果的目的。

一、发展传统文化隐性教育的主体

教师是传统文化隐性教育的核心力量，其个人素养与德育自觉性是实施这一教育形式的关键。教师需深刻理解并承担起育人的责任，通过不断提升自我修养，在高校德育中起到应有的作用。当前，显性德育占据主导地位，而隐性德育则相对受到一定程度的忽视。为充分发挥传统文化隐性德育的效能，我们应着重提升教育者全员育人的理念，增强他们开展隐性德育的意识。同时，强化教育者自身品德的培养和传统文化的研习，为传统文化的隐性教育提供坚实的支撑。

（一）树立教师全员育人理念，提高教师隐性育人的自觉性

一名优秀的教师需超越单一学科教学的局限，要关注人类优秀文明和先进文化的传播，重视学生成长与成才。在高等教育中，隐性的道德教育与学生知识水平的提升密切相关，这一联系暗示着教育理念的革新：将知识传授、思维塑造及品德培育融为一体，推动从“纯粹知识教育”向“全面发展教育”的过渡。在新的时代背景下，构建全员认同的育人观念，首要任务是确保高校中每位成员——教学人员、行政管理人员及后勤服务人员，均能认识到道德教育不仅是辅导员或特定教师的任务，而且是每位教职工共同的责任。他们同为道德

教育的核心参与者，肩负着促进大学生人格成熟的重要使命。高校想要充分发挥隐性德育的功能，关键在于有效动员所有教育主体。如果缺乏对自身育人角色的深刻认识和无形中育人的自觉态度，教师就很难积极发掘并利用工作中蕴含的德育元素，全方位地渗透到学生的学习环境与生活环境之中，那么，传统文化的隐性教育只能停留于理论层面。因此，高校教职工应立足本职，深挖工作与德育的内在联系。专业教师应在精进教学研究的同时，探索学科教学与德育的融合路径；行政管理者在日常管理中，需留意管理行为的德育传导作用；后勤人员则应加深对服务中育人价值的思考。如此，一个集高水平教学、高效管理和高品质服务为一体的全人教育观念方能建立，为学生提供一个促进其“成人”与“成才”的理想环境。确立全员认同的育人观念，为传统文化隐性教育的实践铺平道路，极大激发教职工的主动性，确保传统文化隐性教育的高效执行。

如果说，全员育人理念的确立构成了传统文化隐性德育实践的根本基石和先决条件，而教师内心深处德育理念的培育及隐性教育行动自觉性的增强，则为传统文化隐性教育的成功推行提供了坚实的保障。高校教师在接纳全员育人思想框架的同时，也应致力于形成一个全面且深入的德育视野。在当今高校德育的新阶段，将显性教育手段与隐性教育途径有机融合，已成为广泛认可的教育实践趋势。教育者在强化显性道德教育的同时，更应倡导并深化隐性教育的应用，提升在日常教育中潜移默化育人的意识。学生的校园经历是一个多元影响交织的过程，既包括直接的德育课程学习，也涵盖了校园氛围、文化环境等无形的熏陶。对于充满活力、独立思考的现代大学生群体，简单直白的道德灌输和机械的管理措施往往难以达成预期的德育成效。因此，必须充分利用校园内丰富多彩的教育资源，细心构建一个沉浸式的德育氛围，促使学生通过个人的亲身体验和感悟来深化道德认识。教育工作者只有采纳全面的德育理念，深刻理解隐性教育在高校德育中的核心价值，才能有效地将传统文化的精髓通过隐性渠道传授给学生。

（二）加强教师传统文化修养，注重教师身正为范的榜样性

“学高为师，身正为范”，这句话精准概括了教师职业的本质，并界定了

教师修养的基准线。教师需高度重视个人品行与能力的提升，通过实际行动树立典范，因为其言行举止，无论显性还是隐性，都会对学生造成深远的影响，学生往往会不自觉地模仿并受到影响。因此，教师必须持续自我提升，内在强化素质，外在塑造正面形象，凭借坚定的政治立场、崇高的道德情怀、严密的学术追求和卓越的人格力量去感召学生，成为学生学习的榜样。

教育者在德育工作中应秉持言传身教的原则。高校德育工作者的行为示范是隐性德育的关键要素。正如古语所言，“其身正，不令而行；其身不正，虽令不从”。教育工作者的思想理念、道德品质、工作作风和行为举止，能否赢得学生的信任和尊重，往往直接关系到道德教育内容能否被学生接受并内化为自身品质。因此，高校德育工作者需言行统一、以身作则，践行社会道德规范和要求，成为学生的楷模，无愧于“人类灵魂工程师”的崇高称号。

教育者应持续增强文化修养，这是提升高校德育实效的关键。教师、管理者和服务人员的协同工作是基础，但教师的学术造诣和人格魅力对学生影响尤为显著。教师的学术影响力源于其在专业领域的卓越成就，这种无声的力量更能赢得学生的敬仰和效仿。同时，拥有广博的非专业知识也极为重要，如物理学专家兼通中国古典文学并能充分借鉴文学传递知识的准确性与生动性，其教学的方式将更为丰富，更利于学生理解吸收知识与理念，教学效果将更好，其个人也将更具影响力。教师的人格魅力则体现在其健康的价值观念、高尚的道德品质和强烈的责任感上，这样的教师如同优质教科书，对学生产生深远影响。在传统文化的学习和传承上，教师拥有天然的优势，能够为学生树立榜样。因此，优秀教师应通过学术和人格的双重影响力，引导学生成长。

二、开发传统文化隐性教育的载体

高校德育载体是指，在高校德育过程中，联系德育主客体并承载、传递德育的内容和信息的形式与手段。高校隐性德育资源的开发与利用，是新时期提高高校德育实效性的一个重要课题。

（一）探索传统文化隐形教育的载体，助力高校德育

高校德育目标的实现离不开多样化的德育载体。通过深入研究和利用这些

载体，我们能够更加高效地实现德育目标。在过去的德育建设中，学者们已经对德育载体进行了广泛研究并取得了显著成果，如网络广播、刊物、课堂教学、社团活动及校园文化等，这些载体至今仍然发挥着重要作用。传统文化隐性教育的载体，其形式与手段存在正面、直接和隐藏、间接的区别，具有间接性、潜隐性和庞杂性等特点。传统文化的隐性教育作为高校德育的重要组成部分，其教育形式需要在继承传统载体的基础上，进一步丰富和拓展。我们既要借鉴和继承已有的成功经验，也要紧跟时代步伐，积极开发利用新的载体，以满足德育内容和方法革新的需求。

第一，将传统文化融入校园文化之中，以发挥校园文化独特的育人功能。校园文化是历史、潮流和价值理念的集合体，承载着深厚的文化与精神内涵。在新时代背景下，校园文化以其潜移默化的影响方式，成为高校学生乐于接受的德育媒介。同时，由于校园文化与传统文化之间易于相互融合，成为传统文化隐性教育的有效载体。

高校需构建优良的校风，营造积极向上的文化氛围。校风是学校在长期的教育实践中，由全体师生在学习、工作和生活等多个层面共同塑造和沉淀形成的独特氛围和习惯。它涵盖了师生的精神状态、价值观念、道德品质以及文化素养等多个维度。校风一旦形成，便具有稳定的特质和持续的影响力。随着时间的推移，这种无形的精神力量越发强大，能够超越时空的限制，对师生产生深远而持久的影响，能引导师生自觉遵守规范，自觉摒弃不良行为和作风。具体而言，校风主要体现在学校领导的领导风格、教师的教学风格以及学生的学习风格等方面。接下来，我们将重点探讨教风和学风两个方面。

教风建设乃校风建设之基石。校风由教风与学风共同构筑，而教风在其中占据核心地位。教师的教学能力、治学态度以及教学方法，对学生的专业与德育培养均产生深远影响。教师是学校的灵魂，教风则体现教师的职业风范与精神追求。教师的专业素养、人格特质与综合能力，是展示学校实力和形象的关键要素。在新时代背景下，强化教风建设尤为关键。这首先要求提升教师的专业素养、人文素养及人格魅力，其中，中华优秀传统文化提供了宝贵的借鉴。同时，亦需重视教师团队的集体力量，通过集体的思想理念和人格魅力，营造积极向上的精神氛围，从而感染学生，培育优良的学风。

学风建设是校风建设之基石。若将教风建设视为校风建设的核心，学风建设便是其稳固的基础。学风体现了学生对待学习的理念与态度，是校园中一种主流的文化风气。优良的学风如同一种无形的磁场，能够感染和熏陶身处其中的学生。它也是一种强大的动力，促使学生怀揣紧迫感和使命感，不断进取，早日成才。更重要的是，优良的学风具有约束力，能有效规范学生的思想和行为，避免不良倾向的滋生。学风建设在校风建设中占据不可或缺的地位。在学风建设中，应坚持正面引导的原则，积极促进学生社团的健康发展与文化活动的繁荣。同时，要充分利用和发掘校训、校歌、校徽等传统文化资源，以塑造学校的独特形象，增强文化凝聚力。

优秀传统文化为校风建设提供深厚滋养。其内涵丰富，涵盖道德规范、团队协作精神、管理智慧以及治世治学的经典理念等，具有广泛而深远的影响。在新时代背景下，传统文化的博大精深为校园文化建设提供了宝贵的资源。同时，校园文化也是彰显优秀中国传统文化思想的重要载体。

高校需开展校园文化活动，践行传统文化思想。校园文化活动是践行传统文化思想的有效途径，作为传统文化隐性德育的重要载体，其心理强化效果源自大学生在活动中的亲身体验。道德认知转化为道德行为，离不开道德情感和道德意志的培养。校园文化活动形式多样，如传统文化节日庆典、科技实践活动、文体娱乐等，它们以潜移默化的方式培养大学生的道德情操。通过参与这些活动，大学生能够自我感知、自我认识，并深化对德育思想的理解与升华。

例如，组织端午节主题的传统文化传播活动，不仅能让学生深刻体验屈原的爱国情怀，更能激发他们为国家兴衰奉献的崇高理想。这种通过文化活动实现的德育效果，相较于单纯的说教更为真实动人，更易引起学生的共鸣。因此，学校可根据德育需求，精心策划各类富含传统文化内涵的活动，将德育目标融入其中，使学生在参与中体验、感悟，进而提升思想品质。

美化校园环境，建设文化底蕴校园。校园中的建筑、草木，乃至每一处细节，都可以作为传统文化隐性教育的生动载体，包括学校的整体设计，也应体现其独特的精神风貌。例如，为花草树木挂牌竖匾，可以选用富含哲理的诗句警语；建筑物和道路的命名，可以融入古代圣贤的智慧与知识。此外，校训、校史以及校园内的“名人堂”、名人塑像、楼道中的名人画像及其名言等，都是传承和弘扬优秀传统文化的有力工具，它们能够激励学生，提升学生的思想政治觉悟与道德品质。当这些富有生命灵性的人文精神与自然风光和谐共存时，将对大学生的成长产生深远影响。

第二，高校应将传统文化融入网络空间，以发挥网络的德育潜力。互联网已成为当代大学生首选的信息交流渠道，其开放性和全球化特点为高校德育工作带来了双重影响。

一方面，互联网为传统文化的隐性教育提供了广阔的平台。传统文化内容丰富、形式多样，网络的崛起为其传承与展示提供了新的途径。例如，中国传统工艺文化可通过网络主页和桌面设计呈现，使浏览者在无形中领略其深厚底蕴。先人事迹、成语故事、灯谜字谜等文化元素也能在网络环境中得到精彩展示。针对传统文化的隐性教育，教育者应善用互联网，实时把握学生思想动态，灵活调整传统文化与网络的结合方式，丰富传统文化的表现形式，增强隐性教育的针对性和实效性。另一方面，高校可以利用网络的多样性特点，将传统文化融入网络空间，使学生在畅游网络时，潜移默化地接受传统文化的熏陶，实现“润物细无声”的教育效果。网络环境在传统文化隐性教育中具有举足轻重的地位。因此，高校德育工作者应重视网络环境建设，充分发挥其在隐性教育中的重要作用，以促进学生道德素质的提升。

学校应加快校园网络的建设，优化传统文化与网页制作的融合。首先，高校应提升校园网络的硬件设施性能，确保网络畅通无阻且覆盖全面，这是实现网络德育功能的基础。其次，高校应将传统文化元素巧妙地融入网页设计之中，例如，在校园网主页上展示结合中国传统节气与校园风景的精美图片，并根据二十四节气的变化进行更新。这样，学生在浏览网页时不仅能深入了解传统文化，还能对美丽的校园环境产生深厚的情感共鸣，从而增强网络德育的实效性。

高校应借助网络平台的优势，打造新型的传统文化德育平台。通过建设专业的高校传统文化德育网站、App、微信公众号等，构建全面的网络德育体系。要避免单纯的说教方式，应充分利用多媒体技术的特点，开展兼具知识性、娱乐性和互动性的文化活动。这样的活动应图文并茂、声像结合，形式丰富多样，以吸引大学生的广泛参与，从而达到更为理想的育人效果。

高校应规范网络行为，净化网络环境。网络的开放性既是其优势，也潜藏着风险。校园局域网应对网络信息进行严格审查和监控，引导学生正确选择和鉴别文化消费内容，有效阻止不良思想理念的渗透，防止垃圾文化的扩散。通过这样的措施，我们能够为大学生提供一个安全、健康、积极向上的网络环境。

第三，高校应寓传统文化于管理之中，发挥管理的育人作用。在学校的教育工作中，要注重道德教育和管理方式的结合，要做到与学生生活、思想、现实联系起来，才能实现教育的目的。从高校德育实践的具体要求出发，结合新时代大学道德教育目标的特点，提出了新的要求。当前，在高校德育教育中，由于教育资源的匮乏，要实现道德教育的体系建设，就需要建立健全的教育体系，这样才能更好地发挥其应有的作用。从大学生这一角度看，刚步入大学的大学生，其身心发育尚不健全，对对与错的评判尚不够成熟，自控能力较差。管理者通过与大学生的密切联系，能够对学生的学习和生活状况和思想状况进行实时的掌握，并对其进行有针对性的管理和指导，并向老师提供信息，使高校的道德教育更加接近于学生的心理。管理媒介对道德教育的影响显而易见，而管理的内容、方式和手段又是影响道德教育有效性的重要方面。要真正发挥传统文化中的“隐形”道德教育功能，就必须从管理内容、管理方法、管理手段三个方面入手，来实现其功能。中国的传统文化蕴含着极其丰厚的思想与文化，具体体现在“以人为本”“以德服人”“仁者爱人”等方面。在新的历史条件下，大学生道德教育的“隐形”教育理念显示出旺盛的生机，顺应了时代发展的需要。中国的传统文化中，也存在着很多优良的经营文化，不管是儒、墨、道、法，都有着不同的经营文化。新时代下，要充分利用管理的道德教育功能，一是要完善相关的制度，在对学生实施必要的管理时，要结合具体的德育教育。要重视在企业的经营过程中，将传统的企业文化与企业的信息进行有效的融合，用企业的经营来正确地指导大学生的思想道德品质。

（二）探究高校隐性教育载体，增强传统文化与其融合的深入性

优良的思想观念唯有获得充分展现，方能有效发挥其正面影响。在高等教育中，深化传统文化的隐性教育路径成为加强教育融合度的关键切入点与聚焦领域。

高校应强化传统文化与学科教育的融合，需深挖各科目中的传统文化德育元素，增进课程内容与传统文化的内在联系。例如，自然科学课程应侧重展示中国古代科学技术成就及先贤追求科学真理的感人故事，阐释其中蕴含的严谨科学态度、勇于探索的精神。人文社科课程可借其丰富的传统文化底蕴对学生进行教育，如《诗经》对社会现实的深刻批判与美好愿景的寄托，《离骚》所展现的深沉爱国情怀与不懈斗争精神，以及横贯古今的诗词歌赋中倡导的积极人生观、务实理性的思考方式和诸多体现高尚品德的佳作，都是宝贵的人文教育资源。从汉赋至明清小说，中国文学艺术发展的各个鼎盛时期，不仅创造了卓越的文学价值，也塑造了中华民族独特的文化气质和民族精神。高校应将日常的课程教学作为大学教育的核心，把传统文化融入专业学习，这对深化教育意义重大，影响深远。

加强传统文化与校园物质环境的融合是提升高校隐性教育的重要途径。为了让学生在校园内随时感受传统文化的熏陶，高校应注重在物质环境建设中融入优秀传统文化元素。例如，可以在学生宿舍和教室楼道悬挂历代先贤的诗词或教诲，使学生在行走或学习时都能感受到中国文化的深厚底蕴，从而产生敬畏之情。此外，人文景观的打造也是彰显传统文化的重要方式，如设立与本校相关的名人雕像、碑刻，以及富有美感的建筑小品，甚至以校训或与学校有关的名人命名路牌等。这些人文景观不仅为校园增添了独特魅力，更在无声中向学生传递着学校的优良传统和校园精神，激发他们爱校、建校的情感，并激励他们进一步追求卓越、奋发向前。

强化传统文化与校园精神的融合。传统文化作为塑造校园文化与精神的宝贵资源，其蕴含的价值观念、精神风貌和行为准则在现代大学文化中得以体现。高校应深入挖掘自身历史传统的精髓，结合学校的发展蓝图与办学理念，

精心打造具有时代特色和独特魅力的大学文化与精神。这不仅能够丰富学校的文化底蕴，还能提升大学的思想境界和志向。通过弘扬大学文化和精神，高校可使优秀大学文化的感染力、渗透力和熏陶力对学生产生深远影响，有效凝聚人心、激发斗志、鼓舞士气。

三、拓展传统文化隐性教育的内容

当今时代是一个变革的时代，当今社会是一个处于转型中的社会。时代变革、社会转型，必然使人们的道德生活环境发生变化，提出新的道德问题，这就需要高校德育贴近实际、贴近生活、贴近学生，与时俱进。传统文化的德育内容，也只有不断充实和丰富，才能适应新时期、新情况下高校德育的要求。

（一）深化传统文化思想继承，提升德育内容的广阔性

传统文化底蕴深厚，其蕴含的育人思想无处不在。无论是民俗民风，还是人格风范，都蕴含着丰富而深刻的德育思想，这些思想对当今高校德育具有重要意义。

传统礼仪文化的继承。“礼”作为中国传统文化的核心精神之一，始终占据着举足轻重的地位。在中国文化中，礼不仅是区分人与动物的重要标志，也是人们立身处世的基本准则。从治国安邦到日常伦常，礼都扮演着至关重要的角色，是维护社会秩序、构建和谐社会的基石。历史上，孔子曾强调“人而无礼，胡不遄死”，凸显了礼在塑造个人品格、确立社会规范方面的重要性。礼仪文化通过具体的言语、举止等规范，引导人们遵循社会道德共识，形成文明、礼貌的行为习惯。这种文明意识和习惯，源自个人的长期修养和文化的传承。新时期，礼仪文化对高校德育具有特殊意义。它不仅是素质教育的重要组成部分，也是构建和谐社会的必然要求。礼仪不仅是文明礼貌的体现，更是社会成员整体形象和精神面貌的反映。因此，高校在德育工作中应重视礼仪文化的教育，通过传承和发扬传统礼仪文化，培养学生成为具有良好道德修养和社会责任感的新时代人才。

优秀人格风范的继承。中国素来强调人格的修养、自律与影响力。在历史长河中，无数英雄人物以他们的行动和生命诠释了高尚的人格，为后人树立

了榜样。这种跨越时代的榜样力量，构筑了中华民族的精神支柱，为高校德育提供了丰富的典范。在民族精神的传承中，人格风范发挥着巨大的辐射作用。中国历史上那些具有卓越人格风范的名人及其事迹，一直激励着后人。随着文明的进步，诸多体现民族精神的楷模在不同领域涌现，他们成为民族的"脊梁"，支撑起民族的精神。这种精神力量具有深远影响，它哺育并激励着无数仁人志士，为了国家的繁荣、社会的进步和历史的进步而不懈努力。将榜样力量与群众实践相结合，是塑造健康人格、营造良好社会风尚的关键。虽然人格主要表现为个人的行为方式，但其影响却是群体性的。一个高尚的人格不仅影响自己，更能对社会、他人和家庭产生重大而直接的影响。通过以身作则、模范实践共同的目标和道德标准，高尚的人格展现出强大的感召力、榜样力和说服力，鼓励人们自发效仿并勇于创新。

（二）强化传统文化内容创新，提高教育内容的时代性

传承与创新是中国传统文化发展的重要特征和规律。中华民族的文明史，就是不断适应社会发展需要、推陈出新的历史。

传统文化的内容创新，一方面，表现为对历史所忽视的内容的重新探索。在中国历史的长河中，形成了丰富多彩的文化，但是，由于传统文化传承的选择性，以及统治的服务性，使得许多优秀的文化被遗弃。例如，西汉董仲舒提出的"罢黜百家，独尊儒术"让纵横家、兵家、法家、墨家、道家等诸家的许多优秀思想遭遇了抵制甚至摒弃。在新时期，对遗弃文化的整理与探索，在一定程度上，也是对传统文化的创新。另一方面，主要表现为传统文化内涵的扩展，与时俱进而富于时代新意。

优良的传统文化与时俱进，才能满足时代的需要，才能继续发挥育人的作用，才能继续激发人民群众的民族自尊心、自豪感和对祖国的爱国主义热情。事实证明，传统文化一直也将继续对社会的发展起着积极的推动作用，因为传统文化其思想内涵的发展，不仅有着随时代进步的要求，还有着自身发展的内在活力因素。

第一，变易革新。在中国传统文化中存在着丰富的变易思想。《易经》就是一部专门讲"变易"的哲学著作，它通过八卦推演，阐明了万物都是在矛盾

运动中变化发展的道理，对后世产生了巨大的影响。

近代中国人在寻求救国之道，实施改革和变法时，变易思想也因此常常作为其变法和改革的根据。变易思想是中国传统文化中的重要思想，它不仅为其他事物的变革提供了依据，也为传统文化自身的发展提供了内在的支撑。传统文化的历久弥新与其变易创新的思想，有着分不开的联系。

第二，经世思想。经世思想是传统文化的基本精神。“修身”的目的是为了“治国平天下”。经世思想在不同时期，其表现也有强弱的不同。以清代为例，清朝初年学风朴实，定于经世精神中期，乾隆、嘉庆时，由于严厉控制议论，知识分子只好把自己的聪明才智转移至“故纸堆”的研究，致使经世精神隐而不彰。

可以说，发展到清末的经世思想就是一种救亡图存的思想，充分地展现了前人的社会责任观念。新时期，社会主义的建设、发展都需要人才，经世的内容与历史虽有很大的区别，但其精神内质是相同的，那就是“积极用世”。但也要防止当下一些高校普遍流行的“学习实用主义”，即以是否有用、能否给学生找工作带来优势、能否产生经济效益等为准则的一种学习态度。在市场经济发展的今天，大学生在注重个人发展、个人前途的同时，也不能忘记个人的社会责任，人的社会价值。

第三，民本思想。中国传统文化中蕴含着丰富的民本思想。人为万物之灵，天地之间人为贵，这是中国传统文化的基调。后世儒者一直继承和发展着孟子的“民贵君轻”说，发展到明清之际，进步思想家王夫之、黄宗羲、顾炎武等人，对君主专制主义展开了严厉批判，同时，也把民本思想发展到了新的高度，使之具有了近代启蒙思想的色彩。民本思想发展到近代，传统文化中的民本思想首先为资产阶级的政治家、思想家们所继承，并在新的历史条件下加以发展和升华，以满足民族资本发展的需要。中国传统文化是一个融会了多民族文化而形成的综合体，具有广阔的涵摄性和包容性。近代从西方传入的各种先进思想理念，如科技思想、民主理念，以及“五四”以后传入中国的马克思主义，在博大精深的中国文化中，都可以找到融合点，从而被吸收到不断发展更新的中国文化体系中去，这是西方先进文化能够在中国传播、生根发展的重要原因。也是中国传统文化能创新发展的重要原因。

中国传统文化内蕴的活力远远超乎所举范畴，诸如不懈奋斗的自强精神与深远的忧患意识，均为近代文化革新提供了强劲动力。这些积极的文化要素不仅是联结古代与近代文明的桥梁，而且深深融入了中国文化变革的血脉中，促使旧文化的重生与新文化的崛起。在此过程中，大量汲取传统文化精髓，锻造出兼具创新与民族特色的文化新貌。

参考文献

[1] 王璐 . 中华优秀传统文化融入高校教育的路径研究 : 以潭州书院湖湘文化教育为例 [J]. 汉字文化 , 2024 (6): 37–39.

[2] 唐俊 . 中华优秀传统文化融入民族高校 "大思政课" 建设的德育价值探究 : 以壮族地区山歌传统文化为例 [J]. 文山学院学报 , 2023 (6): 101–106.

[3] 石慧 . "三个课堂,三线贯通" 实现 "德育为先,五育融合" : 高校中华优秀传统文化教育教学改革初探 [J]. 中国多媒体与网络教学学报 (中旬刊), 2023 (12): 216–219.

[4] 岳振 , 徐蕾 . 中华优秀传统文化融入高校德育现状分析及应对策略 [J]. 青岛农业大学学报 (社会科学版), 2023(3): 137–144.

[5]吴静 . 中华优秀传统文化在高职德育中的传承与创新探究 [J]. 品位·经典, 2023(13): 47–49.

[6] 黄慧 . 中华优秀传统文化融入大学生德育教育的策略研究 [J]. 现代商贸工业 , 2023 (11): 209–211.

[7] 汪满莎 . 高校弘扬中华优秀传统文化中存在问题与对策研究 [J]. 公关世界 , 2023 (7): 80–81.

[8] 夏真 . 实施全环境立德树人助力大学生文化自信培育的探究 [J]. 教育教学论坛 , 2023(14): 185–188.

[9] 孙彦雷 , 谭旭红 . 以助力成长和文化传承为目标　将中华优秀传统文化融入高校德育教育 [J]. 农场经济管理 , 2023(3): 59–61.

[10] 张盛晗 . 中华优秀传统文化融入高校思政课的价值与路径研究 [J]. 辽宁经济职业技术学院 (辽宁经济管理干部学院学报), 2022(6): 86–88.

[11] 古丽美娜·阿地力江 . 中华优秀传统文化融入大学生道德教育研究 [J]. 公关世界 , 2022(22): 94–96.

[12] 崔现强 , 李辉 . 传统文化在高校德育工作中的价值实现路径研究 [J]. 湖北成人教育学院学报 , 2022(6): 89–94.

[13] 杨青 . 中华优秀传统文化在大学生德育中的作用 [J]. 中学政治教学参考 ,

2022(25): 95–96.

[14] 欧志鹏，陈磊，刘夏．立德树人：中华优秀传统文化融入高校德育建设之思考 [J]. 太原城市职业技术学院学报，2021(12): 62–64.

[15] 杜宇．中华优秀传统文化融入高校思想政治教育的方法研究 [J]. 决策探索（下），2021(11): 38–39.

[16] 刘立杰，李播．在高校教育中传承中华优秀传统文化的当代价值 [J]. 高教学刊，2021(30): 29–32.

[17] 张晶．中华优秀传统文化融入高校德育工作的策略探析 [J]. 决策探索（下），2021 (9): 72–73.

[18] 蔚晓慧，焦雪．基于中华优秀传统文化实施大学生德育路径研究 [J]. 中国教育技术装备，2021(15): 101–102.

[19] 刘锁娣，周彩根．以文化思政拓展高校德育空间研究 [J]. 常州信息职业技术学院学报，2021(3): 48–49+54.

[20] 刘思言．社会主义核心价值观视角下传统文化教育价值 [J]. 边疆经济与文化，2021(5): 85–87.

[21] 张扬．中华优秀传统文化融入新时代高校德育工作研究 [J]. 绥化学院学报，2021 (5): 108–109.

[22] 胡琬堃，陈劲．中华优秀传统文化融入大专生德育教育的路径探究 [J]. 文化创新比较研究，2021(13): 50–52+122.

[23] 张扬．中华优秀传统文化融入新时代高校德育工作研究 [J]. 绥化学院学报，2021 (3): 131–133.

[24] 杨睿．中华优秀传统文化融入高校大学生德育工作体系的路径研究：以西安外事学院为例 [J]. 中外企业文化，2021(2): 91–92.

[25] 康玲，祝铠．基于中华优秀传统文化的旅游管理专业德育协同培养研究 [J]. 海南广播电视大学学报，2020(4): 112–119.

[26] 丁胜．中华优秀传统文化融入大学生理想信念教育研究 [D]. 哈尔滨：哈尔滨师范大学，2020.

[27] 张瑜．中华优秀传统文化融入大学生思想道德教育研究 [D]. 武汉：武汉大学，2019.

[28] 彭菊花．中华优秀传统文化融入青少年德育研究 [D]. 武汉：湖北大学，2015.